JN437035

털복숭아 닮은 홍시

털복숭아 닮은 홍시

이종월 두 번째 수필집

신아출판사

| 책머리에 |

내가 글을 자주 쓰는 사람도 아닌데 두 번째 책을 낸다는 게 조금은 망설여지기도 한다. 살아오면서 도드라진 이야깃거리도 없을뿐더러, 나를 드러내어 글을 쓴다는 것 또한 대단한 용기가 있어야 하기 때문이다. 하지만 생활 속에서 끼적거리기를 좋아하는 성격 탓에, 틈틈이 적어두었던 글 조각들이 내 삶의 궤적이 되고 흔적으로 남아 있지 않은가. 내 소박한 정성이고 영혼이 깃들어 있는 글을 모르쇠 한다는 것은 나에 대한 도리가 아니라는 생각도 들었다. 요모조모로 생각해 책으로 엮게 되었다.

첫 번째 책은 내 삶에서 가장 활력이 넘치던 20대에서 60대까지, 교육 현장에서 보고 겪으며 느꼈던 이야기다. 교단에서 아이들과 웃고, 때로는 아파하며 지내 온 생생한 이야기에 소감을 넣어『학교종은 누구를 위하여 울리나』로 모아 엮었다. 42년간 몸담았던 교단을 떠나오며, 현장 교사로 살아 온 기록이기에 '교단수상록'이라 이름하는 게 맞을 것 같다. 1960년대 초근목피로 겨우 연명하다시피 했던 때부터 2008년에 교단을 떠나올 때까지 학교 현장의 생생한 기록이고 느낌이었지만, 기쁨보다는 아픔이 더 컸다. 때로는 아이들이 뒷전인 교육 현장을 지켜보며, '누구를 위한 교육인가.'를 매번 자문해 보기도 하였다.

두 번째 수필집은, 내 삶에 용기와 격려와 사랑으로 힘을 북돋워 주신 분들에 감사한 마음을, 자연과 사물에 대한 느낌이나 생각을 담은 이야기를 엮었다. 부모님, 아내와 아들딸들, 형제와 친구, 이웃이 내 삶의 원천이고 울타리가 되어 주었다. 내 삶은 이런 분들과의 관계 속에서 나름대로 윤택하게 이어져 왔고, 삶의 고비를 맞아서도 덕분에 좌절하지 않고 버티어 낼 수 있었다. 내 글의 소재도 자연히 나를 감싸고 있는 이런 분들과 관계 속에서 이루어진 이야기들이다. 따라서 이 수필집의 구성은, 제1장에서는 부모님의 사랑과 고마움을 회상하는 글이다. 그립고 아프고 시리고, 때로는 티 없이 맑고 행복한 시절이었다. 제2장에서는 아내를 만나 가정을 꾸리고, 아이들을 기르며 살아온 부부 이야기다. 사랑과 이해와 양보의 미덕이 무엇인지, 행복은 어떻게 만들고 가꾸어야 하는지, 인생을 가장 두텁게 살아온 이야기가 아닌가 싶다. 제3장은 형제와 친지, 친구 등 사회생활을 하며 동고동락했던 이야기로 엮었다. 사회와 공동체 삶을, 체험을 통하여 성인으로 성장하는 삶 이야기다.

제4장은 인간은 자연과 사물에 접하며 생각을 넓고 깊게 가지게 되는 것이라 여겼다. 돌이켜보면, 인생에서 올바른 가치관이 형성 · 성숙하는 가장 중요한 시기가 아닌가 싶기도 하다. 제5장에서는 여행으로 내 생각의 폭과 깊이를 더할 수 있었던 게 보람이 아니었나 싶다. 그러나 고뇌와 사색이 없는 생활은 순간의 즐거움으로 사라지고 말았다. 삶은 여행처럼 새롭고 즐겁게 살아야 하고, 여행은 삶처럼 진지해야 한다는 깨우침을 여행이 가르쳐 주었다. 제6장에서는 우리와 다른 외국을 여행하며 직접 보고 들은 이야기가 중심이 되는 기행문이라고 봐야 할 것 같다. 빼어난 자연경관뿐 아니라 문화와 예술, 변화하는 폭넓은 세상을 이해하는 데 도움을 준 여행을 중심으로 엮었다.

글을 쓰다 보니, 이런 저런 꿈이 현실에서 만날 수 있게 되어, 기쁨으로 다가올 때가 있구나 싶기도 했다. 살아오면서 높은 곳에 오르고 싶어도 어쩔 수 없이 내려와야 하는 계단처럼 마주할 때가 많았다. 이 핑계 저 핑계로 몸을 사리는 나를 다독이며 용기를 주신 여러분 덕에 여기까지 왔다.

이 책이 엮어 나오기까지 용기와 격려를 아끼지 않으신 교직 동료들께 감사한다. 어려웠던 시절을 견디고 살아온 이야기는, 나보다는 아내가 더 주도적인 역할을 해왔다. 이 책을 아내에게 바치는 이유가 되기도 한다.

| 차례 |

제1장 털복숭아 닮은 홍시

제 2 장 아내의 거울

제 3 장 큰바람은 스쳐 가고

제 4 장 우리 동네 들시암

제5장 물처럼 바람처럼

제 6 장 에펠탑과 세느강

제1장

털복숭아 닮은 홍시

어머니는 골방에서 홍시가 반쯤 담긴 옹기 반대기를 들고 나오셨다. 30촉 백열등 덕에 홍시는 더 선명하게 비춰 보였다. 거무튀튀하고 쭈글쭈글한 감 몸뚱이가 어머니의 가슴앓이를 말해주었다. 조금 성한 놈은 보릿겨를 뒤집어써서 털복숭아를 꽤 닮았었다. 막내아들이 올 때까지 홍시가 무르지 않게 하려고, 찧은 보리를 담은 독(항아리)에 넣어 보관한 듯싶었다.

털복숭아 닮은 홍시

오늘이 절기상으로 경칩이다. 얼었던 땅이 풀리어 튀어나온다는 개구리보다 집안에 봄볕을 들이는 아내의 손길이 더 분주하다. 주방을 살피던 아내의 얼굴빛이 봄볕에 어울리지 않게 충충해진다. 아내 손에 들린 상자 속을 들여다보니 홍시들의 몸빛이 지난가을에 들어올 때와는 영 딴판이다. 그때는 갓 시집온 새색시 마냥 수줍음까지 띤 데다, 발그레하고 윤기마저 자르르했었다. 탄력까지 넘치던 홍시를 오래오래 곁에 두고 즐길 요량으로 아내는 주방 선선한 곳에 자리를 잡아주었다. 그런 덕에 우리 부부는 긴긴 겨울밤을 지루하지 않게 지낼 수 있었다.

하지만 봄이 가까워지며 홍시는 본디의 모습을 많이 잃었다. 상자 안에서 납작 주저앉아 있는 게 어머니 젖무덤을 닮았다. 거뭇거뭇 잡티까지 생겨 겨울 한 철이 두툼한 세월 탓이라 여기니, 지나온 내 삶이 잠시 되짚어 다녀오는 듯하다. 아내는 더 무르기 전에 빨리 먹어 치워야 한다며 꽤 괜찮은 놈 하나를 집어 준다. 코앞까지 들이미는 홍시를 보는 순간, 그리움 너머로 추억 하나가 디밀고 들어와 가슴을 적신다.

그때는 홍시가 참 귀했다. 마을에 감나무가 있는 집이 흔치 않았다. 더구나 우리 집은 바다와 맞닿은 평야 지역이어서 감을 구경하기란 여간해서 쉬운 일이 아니었다. 그래도 내변산 한 골짜기 문수동 둘째 고모님 덕에 일 년에 한 번씩은 감 맛을 볼 수 있었다. 그해 가을에도 고모님은 사촌 형한테 홍시를 들려 보내주셨나 싶었다. 어머니는 귀한 감이라 여겨 식구들 손이 닿지 않을 만한 곳에 바구니째로 숨겨두셨다. 막내아들을 기다리는 간절한 마음이 담기었음은 자초지종을 들어보지 않아도 넉넉히 알만했다.

홍시가 나오는 계절이 지나고 겨울의 문턱을 넘으면, 어머니도 방학이 지척에 와있다는 것쯤은 아셨다. 참말로 어머니는 겨울방학을 간절히 기다리셨다. 하지만 남녘 멀리에 묶여 사느라 어머니의 간절한 바람을 알 턱이 없는 막내아들이었다.

나의 초임 학교는, 남쪽 땅끝에 바다를 바라보는 작은 시골이었다. 6학년 진학반을 담임하면서 내 생활은 중학교 입시 준비에 묻혀 버렸다. 방학을 앞둔 12월은 입시 철이었다. 아이들 장래가 걸린 입학시험을 앞두고 고향에 가는 일은 꿈도 꿀 수 없었다. 동이 트기 전부터 땅거미가 내릴 때까지 수험준비는 치열했다. 휴일이 없는 일 년이었다. 그런 덕에 아이들 성적은 내 기대보다 한참이나 웃돌았다. 교장 선생님과 학부모들의 칭찬은 나를 구름 위에 올려놓았다. 한바탕 축제는 날을 두고 이어지고, 어머니를 찾아가는 내 마음에 날개를 달아주었다.

2월 하순이면 졸업식을 치르고 으레 봄방학에 들어갔다. 어머니를 뵈러 가는 부담 없는 기회였다. 고향에 가는 길은 하루가 꼬박 걸릴 만큼 멀고 먼 거리였다. 완행과 급행, 직행버스로 여섯 번은 갈아타야 했다. 이른 새벽에 출발하여 고향 면소재지에 도착하니, 셋째 형님이 근무하는 면사무소 마당에는 벌써 어둠이 깔리고 있었다. 발목까지 빠지는 황톳길을 오 리나 더 걸어 집에 당도하니 초저녁이었다.

뜻밖에 막내아들을 품에 안으신 어머니는 이런저런 궁금한 것도 많으셨나 보았다. 부모님의 소망은 자식이 밖에서 대접받는 일이기에 건성으로 넘길 수가 없었다. 내가 가르친 아이들이 중학교에 모두 합격한 일이며, 선배들과 학부모님의 칭찬을 풍선처럼 부풀리고 모나지 않게 포장을 해서 어머니를 기쁘게 해드렸다. 어머니는 토씨 하나라도 놓칠까 봐 연신 고개를 끄덕이시며 당신의 이야기인 듯 눈물까지 글썽이셨다. 그 순간만은 혼신에 차고도 넘치는 행복이 아니었나 싶다.

어머니는 골방에서 홍시가 반쯤 담긴 옹기 반대기를 들고 나오셨다. 30촉 백열등 덕에 홍시는 더 선명하게 비춰 보였다. 거무튀튀하고 쭈글쭈글한 감 몸뚱이가 어머니의 가슴앓이를 말해주었다. 조금 성한 놈은 보릿겨를 뒤집어써서 털복숭아를 꽤 닮았었다. 막내아들이 올 때까지 홍시가 무르지 않게 하려고, 찧은 보리를 담은 독(항아리)에 넣어 보관한 듯싶었다.

어머니는 이런 홍시를 생선 살 저미듯 요리조리 껍데기를 벗기고 젖히며 성한 살만 골라, 수저가 넘치도록 고봉으로 떠서 내 입에 떠먹여 주셨다. 나는 잘못을 저질러 꾸중을 듣는 아이처럼 웅크리고 앉아 받아먹어야 했다. 그것이 어머니의 마음을 흡족하게 하는 길이라 여기면서도 찔끔거리는 눈물을 감당할 수가 없었다.

입안에 들어온 홍시 맛은 혀보다 코가 먼저 알아차렸는지, '톡' 쏘는 식초 냄새는 눈물샘까지 건드렸다. 목구멍을 넘어가는 홍시와 함께 뜨끈한 물기가 가슴을 데우며 흘러내렸다. 우리 모자는 가슴에 응축된 이런저런 이야기들로 밤을 새우면서도, 홍시가 곪지 않도록 이리저리 옮겨 가며 조바심으로 급급하신 마음에 가슴이 먹먹했다.

참 오랜만에 어머니의 품에서 푹신하게 잠을 잤다. 하지만, 어머니의 푸근한 품도 잠시였다. 다가오는 새 학기 준비를 위해 봄방학은 할 일이 많았다. 교육과정을 짜고, 반을 나누어 출석부를 만들어야 했다. 교실을 배정받아 책걸상을 정돈하고, 환경을 정리하는 등 미룰 수 없는 일들이 기다렸다.

봄을 시샘하는 바람보다 어머니 품을 떠나는 아픔이 더 매웠다. 아버지가 소달구지를 끌고 읍내 장에 가시는 시각에 맞추어 집을 나서야 했다. 어느새 읍내 쪽 솔뫼松山 등 뒤로 아침 해가 빙긋이 떠오르고 있었다. 새삼스레 분홍빛 태양은 어머니의 마음이 담긴 홍시였다. 발그레한 아침 햇살은 내 영혼 속으로 쓸어 담기고 있었다. 가슴 저 밑에서 자맥질을 하던 뜨거운 공기가 목구멍으로 차올라 숨이 막힐 것 같았다.

집 옆 언덕배기에 몸피 굵은 소나무가 서 있었다. 나무에 한쪽 팔을 짚고, 다른 한 손을 하염없이 저으시던 어머니는 내가 동네 앞 동뫼童山를 넘을 때까지도 그 자리에 서 계셨다. 찬 기운 때문인지 눈시울이 자꾸 흐릿해지며, 하얀 옥양목 치마저고리와 함께 어머니는 안개 속으로 희미해져 갔다.

어머니의 딸이니까

짙은 안개 위로 새치름한 하늘을 향해 '검디골요양병원'이 눈에 들어왔다. 축축한 산그늘 속에 영문도 모른 채 집을 나와 계시는 장모님을 뵈러 가는 길이다. 공손한 몸가짐으로 2층 병동에 들어섰다. 항상 느끼는 일이지만, 환자들의 표정 없는 얼굴에 무거운 침묵을 깨기라도 하듯, 간호사들의 깔깔대는 소리가 살아 숨 쉬는 공간임을 알려준다. 하나의 공간에서 탈색되어가는 삶과 희열이 넘치는 색깔 짙은 삶이 공존하는 것이다. 흰색 가운에 검정 스웨터를 걸친 간호사의 유니폼이 회색을 암시라도 하는 듯하니, 마음 깊숙이 아픔으로 흘러든다.

장모님은 대기실 안쪽에 앉아계셨다. 큰딸과 외손녀의 손을 맞잡고도 초점 없는 눈동자는 딴 세상을 보듯 허공을 헤매신다. 85세이신 장모님은 쭈글쭈글해가는 얼굴에 무서리가 내린 이순의 큰딸이 당신을 닮아가는 줄도 모르고 무덤덤하신다. 당신의 삶이 점차 지워져 가는지도 모르는 게 더 안타까울 뿐이다. 창가에 우두커니 앉아 있는 또래분들도 하나같이 색깔 열어가는 삶이기는 마찬가지라는 생각이 든다. 어쩌다가 장모님은 막막한 이곳에 남은 생의 둥지를 마련하셨을까. 온종일 고만고만한 어른들과 함께 계시니, 표정과 무표정으로 대화는 하실까?

장모님은 열일곱 이른 나이에 결혼하여 아들 넷에 딸 다섯을 두셨다. 얼마 전까지만 해도 당당한 몸체와 말씨에서 여자라고 하기에는 어울리지 않았다. 그러나 알고 보면 겉으로는 여장부인 척했으나 삶은 속 빈 강정이었다. 병약한 남편을 대신하여 가정을 이끄는 가장이셨다. 강할수록 쉽게 부러진다는 옛 말씀이 틀리지는 않은 성싶었다. 장모님께서 팔십을 넘기시면서 예상치 못한 행동을 보이시고, 아들딸들까지 기억 속에서 잊어버리시곤 하셨다. 후덕한 여장부였던 장모님은 그만큼 더 빠르고, 더 크게 쇠락하여 자신의 색깔을 잃어가나 싶었다.

어둠 속에 빛이 스며들었다가 서서히 빠져나가면 회색의 세상인가도 싶다. 당신이 돌아가실 낌새마저 모르고 앉아계시는 모습을 보니, 지난 삶들이 동영상처럼 스쳐 간다. 장모님은 그냥 강하고 엄하신 것으로만 알고 있었다. 혼자만이 삼키고 살아 온 아픔을 들키지 않으려고 애쓰신 흔적이 문득문득 느껴졌다. 그러기에 당신을 잃어가는 게 더욱 가엾고 안타깝다. 비록 기력은 쇠약해지더라도, 타고

난 강단만은 잃어버리지 않으시기만 바랄 뿐이다.

당신이 일구고 몸담았던 시장의 가게와 집을 놔두고 새로운 둥지가 된 요양병원. 삶이란 꿈에 한껏 부풀어 있어야 하는 게 아닌가. 언제까지나 아홉 남매 자식들과 오순도순 살리라던 둥지셨는데, 그런 꿈마저 잃어가다니. 무거운 짐만 머리에 이고 살아왔기에, 이제는 홀가분하고도 달콤한 삶을 누려야 할 게 아닌가. 가시는 날까지 누려야 할 꿈마저 영영 묻혀버리시는가.

아내는 이런 어머니가 다가오고 있는 자신의 모습으로 보이는지, 차디찬 시멘트 바닥에 깊은 한숨만 내리깔곤 한다. 그러다가 슬며시 일어나 창 너머 아양산 자락으로 눈을 돌린다. 당당하고 우람했던 어머니가 가늘어지고 옅어지는 자신으로 보이는가 싶다.

아내는 자신의 색깔도 세월 따라 조금씩 지워져 가고 있으리라 생각하는지. 병골의 남편을 대신하여 힘겹게 걸어 온 삶조차 희미해져 가는 어머니. 아내는 어쩌면 자신에게 다가오는 세상도 회색으로 옅어가리라 상상하고도 남으리라.

누구보다도 의지가 강하시고 유별하신 개성마저도 잃어버린 어머니를 보며, 희뿌옇게 퇴색되어가는 자신으로 상상할지도 모른다. 살아오면서 시리고 아렸던 여정을 마치고, 저세상으로 떠날 희멀건 어머니를 보니까. 더욱이 큰딸로서 어머니의 삶에 칠해온 더 많은 색깔을 생생하게 떠올리고도 남으리라.

곁에서 묵묵히 바라만 보던 딸애가 제 엄마의 마음을 알아차렸는지, 할머니를 모시고 봄볕이나 쬐어드리자며 부추긴다. 아내는 천천히 고개를 돌리어 글썽한 눈빛으로 딸을 물끄러미 바라본다. 아마도 딸에게서 자신의 지난날을 되돌아보고도 남으리라.

아내는 지금 눈앞에 있는 딸이 내 가슴 깊은 곳에 머물렀듯이, 자신도 어머니의 아픈 속살이었다는 것을 느껴오는지, 눈빛은 검디골을 덮고 있는 잿빛 하늘을 헤매고 있다. 그립고 서러우면서도 애틋한 사랑으로 언제까지나 간직 되어질 수밖에 없는 내 어머니가 아니던가.

지나온 삶이 어제인 듯 안타깝지만, 그래도 어머니의 품 안은 새길수록 한겨울 이불 속처럼 포근한 요람이었다. 아쉬운 기억과 추억으로 간직되어 있을 수밖에 없을 어머니를 앞세우고, 뒤따르는 딸과 셋이서 봄나들이하고 있다. 아내는 어머니의 딸로, 딸의 어머니로 지나간 봄을 앞세우고, 뒤따르는 봄을 등지고서….

어머니의 지팡이

사무치게 그리던 어머니를 어젯밤 꿈에 뵈었습니다. 명절이나 방학 무렵이면 마을 어귀 언덕바지에서 기다리시던 모습이 생생합니다. 지팡이에 의지하여 자박자박 걸어오시던 어머니에 대한 그리움은 멀어져가는 세월만큼이나 깊어만 갑니다. 추석을 앞두고 부모님 산소에 벌초하러 가서 뵐 요량이었는데, 막내아들을 보러 미리 오신 것 같습니다. 올해는 조카들 도움 없이 야금야금 혼자 힘으로 하리라 맘먹고 아침 일찍 집을 나섰습니다.

며칠 전부터 지짐지짐 가을비치고는 제법 끈질기더니 엊저녁에 멎어서 다행입니다. 물맛을 본 계절은 노란빛으로 곱게 물들어가고 있습니다. 햇살 먹어 철든 열매들도 톡톡 여물어 빨강 노랑 숨겨둔 색깔까지 수채화로 드러내 보입니다.

한나절에 너른 벌 안의 벌초를 혼자 해냈습니다. 뿌듯한 마음은 산

자락까지 안고도 남을 것 같았습니다. 산머리에 해가 걸치기 전에 고향 옛집을 둘러봐야 합니다. 터벅터벅 산에서 내려오는 발길은 에둘러 어머니가 지팡이를 짚고 다니시던 동뫼童山길로 향했습니다.

한 땀 한 땀 조심스럽게 내리 걷고 있는 시간에 젊은 부부가 산을 오르고 있습니다. 동네 옆 작은 산이니 하찮게 여겼나 봅니다. 여자는 발을 뗄 때마다 가쁜 숨을 몰아쉬느라 더디게만 보였습니다. 상남자가 앞서가다 뒤를 돌아보더니 이내 내려가 아내의 손을 잡아줍니다. 가슴에 안기듯 기대며 함께 오르는 모습이 든든한 지팡이였습니다. 한 줄기 상큼한 바람이 산 능선을 타고 오르며 이들을 응원해주는 것 같았습니다.

고향 집에 다다를 무렵 깻다리댁 아주머니를 만났습니다. 모두가 논밭에서 바쁜 일손인데 하릴없이 문전만 지키는 것 같았습니다. 어머니가 짚던 명아주 지팡이 대신 유모차를 앞세워 어기적어기적 걸어 나오는 모습이 안타까웠습니다. 내가 중학생일 때만 해도 새댁티 못 벗고 수줍음 많이 타는 동네 형수였습니다. 반가운 인사를 나누었지만, 우두커니 서서 나를 바라보는 게 유쾌한 기분은 아니었습니다.

"가봐야 풀밭이 되어 들어가지도 못할 텐데, 사람도 안 사는 집에 뭐 하러 가요?"

내 등 뒤에 대고 하는 말이 동정처럼 들리어 오히려 쑥스러웠습니다. 내 소년의 꿈이 영글었던 고향 집, 녹슨 함석대문은 굳게 닫혀 있습니다. 다행히 작은 출입문은 철사로 묶어놓아 겨우 풀어 제치고 집 마당으로 발을 들여놓으니 진한 아픔이 추억까지 불러옵니다.

오랜 세월 비워 둔 집은 잡초가 주인으로 자리를 잡고 있습니다. 텃밭부터 마당까지 풀은 주인처럼 제 맘대로 메뚜기와 여치 등 곤충들까지 불러들였습니다. 큰형님의 장손이 원망스럽습니다. 집안의 지팡이가 못 될 것 같아 걱정이 앞섭니다. 형님의 가슴은 미어질 만큼 아플 것이라는 생각이 고개를 드니 마음은 더욱 편치 않습니다.

그래도 우물가 대추나무는 굵은 열매로 풍성하던 추억을 주렁주렁 매달고 있습니다. 집주인 대신에 지팡이 노릇을 그런대로 하고 있다는 생각이 듭니다. 제자리에서 말없이 제 몫을 하는 나무를 보니 부끄러운 마음이 앞을 가립니다. 수북한 먼지를 손으로 밀어내고 마루에 앉아 옛 흔적들을 찾으려니 아픈 추억들이 줄을 잇습니다.

헛간채 문이 비스듬히 열린 채 빙긋이 나를 바라봅니다. 우리 부부가 다니러 올 때마다 말린 대추며 마늘 등을 꺼내다 차에 실어주시던 형님 부부가 그리움으로 다가오십니다. 가을이면 전 해에 사두어 뽀송뽀송한 소금까지 챙겨주시던 형님의 우애가 어제 일처럼 가슴에 조용히 내려 앉습니다.

무릎 높이까지 자란 풀을 조심조심 헤치며 거미줄이 어지러운 헛간 안으로 들어가 봅니다. 아버지 어머니께서 평생을 두고 쓰시던 삽과 괭이며 낫과 호미 등이 고스란히 벽에 걸려 있습니다. 남다르게 부모님께 극진하셨던 형님의 효심은 세상 떠나실 때까지도 가지런했습니다. 세운 듯 단정히 내려뜨린 밤색 명아주 지팡이가 먼지를 둘러쓴 채 눈에 띄어 반가웠습니다. 떨리는 손으로 우리 어머니를 지탱해 주던 지팡이를 가슴에 안아봅니다. 부모님께서 살아계실 때 중국에서 선물로 사다 드린 지팡이입니다. 명아주 지팡이는 가벼운 데다가, 손잡이도 어머니 턱처럼 동그랗게 닮았다고 좋아하셨던 모습이 생생합니다.

어머니는 낯설고 어둑한 그 먼 길을 가시면서 당신의 지팡이를 왜 여기에 놔두고 가셨을까? 어젯밤에 지팡이 없이 맨손으로 오셨나 싶어 가슴이 저미어옵니다. 어머니께서 오늘 밤 꿈에라도 이 명아주 지팡이를 가지러 오셨으면 좋겠습니다.

아버지와 코뚜레

짧지 않은 세월을 비워 둔 탓인지 휑한 고향 집이 낯설다. 때아닌 점박이 호랑나비까지 팔랑거리며 주인을 객으로 맞는가 싶어 허탈함까지 끼어든다. 그래도 문설주에 닳고 늙수그레한 코뚜레가 낯익은 얼굴로 맞이하니 다행이다. 고개를 돌리니 앞 들녘 먼 시간 너머로 열두어 살 먹은 내 모습이 물안개에 어른거린다.

우리 집은 농토라야 새방죽 윗머리에 몇 마지기 천수답과 황토밭 한 뙈기가 전부였다. 그런 궁핍한 살림에 암소 한 마리는 큰 재산이었다. 소는 마을의 논밭을 갈아주고 짐을 실어 나르는 상일꾼이었다. 더구나, 해마다 송아지 한 마리를 낳아 주어 큰돈까지 만질 수 있게 해주었다.

아버지는 농사꾼이면서도 남의 논밭 갈아주고, 달구지로 짐 실어다 주는 일로 소와 묶여 사셨다. 이른 아침에 소를 앞세워 쟁기를 지고 찬 공기를 가르며 들길로 나서는 아버지는 일에 꿰어 있었다. 소가 코뚜레에 꼼짝을 못하듯, 아버지의 삶도 고달픔 속에 갇혀 있기는 피차 매일반이었다. 이럴 때는 아버지의 어깨에 목말을 탄 쟁기 보습이 아침햇살에 웃음을 날리는 게 얄미워 보였다. 온종일 벌판을 누비고는 어둑할 무렵이 되어야 들어오셨다. 소하고 어떤 운명 같은 것을 함께 짊어지셨을까. 내 마음 바닥에는 그런 음울한 생각이 깔려 들어오기도 했다.

아버지는 소에 대해서는 만능 박사였다. 누구네 집 소가 새끼를 낳을 때는 산파 역할을 도맡아 하셨다. 소화불량으로 여물을 먹지 않으면 아버지는 소 아래턱을 왼손으로 움켜잡았다. 그리고는 막걸리가 담긴 호리병을 소 주둥이에 넣고 콸콸 부어 소화불량을 낫게 해주는 것도 보았다. 소가 잘 걷지 못하거나, 주저앉아 있으면 날카로운 사금파리로 소 앞발 등에 큰 상처를 내어 시커먼 피를 뽑아냈다. 그러면 덩치 큰 소는 아무 일도 없었다는 듯이 신기할 정도로 금방 일어섰다. 암소가 발정하면 황소와 편하게 신혼을 즐길 수 있도록 도와주는 일도 아버지만의 기술이었다.

천방지축 날뛰던 송아지가 어느 정도 자라면 코뚜레를 꿰었다. 아버지는 왼손 엄지와 장지를 코에 넣어 꼼짝도 못하게 하고는 한쪽 끝이 뾰족한 코뚜레를 사정없이 꿰었다. 송아지 코에서는 피가 나와서 흘러내렸다. 아버지는 소한테 좋은 일을 하시면서도, 어린 송아지에 코뚜레를 꿰는 모습을 보면 내 가슴은 찌르르할 정도로 아팠다. 아마도 우리 아버지만이 가진 기술이었을 테지만, 나는 이때만은 자리를 피하거나 눈을 꼭 감아버렸다.

집에는 항상 두세 개 코뚜레를 마련해 두었다. 코뚜레는 노간주나무 등 잘 부러지지 않는 나무를 손가락 굵기 정도로 다듬고 작은 반대기 크기로 휘어 말려서 걸어두었다. 어쩌면 코뚜레는 자신의 의지와는 상관없이 살아가게 하는 족쇄와도 같았다.

마을에는 우리 집에만 소가 있는 게 아니었다. 좁은 농토에서 여러 쟁기꾼이 있으니, 일감이 많지 않았음은 당연하였다. 아버지는 마을에 논 가는 일이 끝나면 삼십 리가 넘는 외지로까지 소와 함께 나가서 보름 정도 일을 하셨다.

다행히 큰이모가 사시는 주산면과 이웃한 보안면에는 막내 고모가 사셨다. 너른 들녘이어서 오랫동안 논갈이를 할 수 있었다. 그럴 때면 어머니도 함께 따라나서야 했다. 솥단지 등 몇 가지 가재도구를 챙겨 가지고 가셨다. 아버지 식사와 소한테 먹일 여물을 삶는 등 뒷바라지를 해야 하기 때문이었다. 무거운 쟁기를 짊어지고 좁은 논둑길을 걷는 아버지의 모습은, 코뚜레에 끌려가는 소처럼 쓸쓸해 보였다. 어쩌면 아버지라는 코뚜레에 꿰어 사는 것이라 여겼다.

어미소 곁을 떨어지지 않으려고 몸부림하는 송아지가 코뚜레에 꼼짝할 수 없었다. 큰 눈망울을 굴리며 울부짖는 송아지를 뒤돌아보는 어미소도 가여웠다. 어머니를 떨어져 본 적이 없는 나도 눈물이 글썽였다. 학교에 다녀와서 소를 끌고 풀을 뜯기면서도 어머니 생각이

나면 주산면과 보안면이 있는 남녘 하늘을 바라보곤 했다.

이런저런 헛생각을 하다가 소가 남의 못자리나 콩잎을 뜯어 먹기라도 하면 주인 어른한테 혼쭐이 날 때가 많았다. 그럴 때마다 소 뺨이라도 때려주고 싶었다. 하지만 어머니를 그리워하는 내 마음과 같다는 생각에 한 손은 소머리를 쓰다듬고 있었다.

아버지의 삶이 고단하고 외로웠다면, 가장이라는 무거운 책임에 갇혀 있었기 때문이었다. 외양간에서 코뚜레에 꼼짝없이 밤새 되새김질만 하는 소의 힘든 삶과 같은 운명이었는지도 모른다는 생각이 들었다. 어쩌면 아버지는 덜 다듬어지고 축축한 노간주나무에 묶여 있는 삶이었을 것이다. 이런 질퍽한 수렁에 빠져도 뚜벅뚜벅 외진 길을 살아오셨기에 애련한 전설처럼 내 가슴에 살아계시는 것이다.

당시 우리 집에 소를 기르는 일은 농사일 때문만은 아니었다. 새끼를 낳으면 1, 2년 정도 길러서 팔아 목돈을 마련하는 일이었다. 때로는 어미소가 너무 늙어서 일할 수 없으면 우시장이 아닌 도살장으로 팔려 가는 성싶었다. 나는 이때 많이 울었다. 왕방울같이 큰 눈을 멀뚱거리며 끌려가지 않으려는 소를 보면 며칠 동안 밥조차 먹을 수 없었다. 아버지는 늙은 어미소를 팔 때는 코뚜레를 거두어 오셨다. 어머니는 그것을 방문 밖 문설주에 걸어두셨다. 미신이라 할지라도 병마로부터 가족을 지키고, 가정에 평화를 들이려는 부모님의 소망이라 여기니 자연스러운 만남이 되었다.

오늘따라 담장 너머로 시끌벅적하여 집 모퉁이 언덕에 올라서 보니, 내 모교인 초등학교 아이들이 운동회연습에 한창인 듯했다. 아버지는 지역 잔칫날과도 같은 운동회 날에 한 번도 구경을 가신 적이 없었다. 추석을 앞둔 무렵이라 논밭 낟가리를 실어 옮겨주는 일이 많았다. 겨울 땔감으로 내변산 골짜기에 쌓아 둔 나뭇단을 달구지에 실어다 주는 일에 꿰어 사셨다.

까마득히 먼 저편에 계신 아버지의 들길이 안개가 걷히며 구불구불 선명히 다가오고 있다. 겁 없이 흐르는 세월 속에 흔적 하나 남기지 못하고 훌쩍 떠나셨더라면 억울할 것 같던 아버지. 아버지는 어깨를 짓누르는 버거운 생이라 여기면서도 그냥 꿰어 사셨다. 그러기에 아버지의 삶이 누구보다 존엄해질 수밖에 없으리라는 생각에 이른다.

누구나 살아가는 데 나름대로 가고자 하는 길이 있을 것이다. 내가 소 풀을 뜯기다가 한눈을 파는 사이에 송아지가 영양가 많고 부드러운 곡식을 뜯어 먹듯이, 아버지인들 어찌 옆길로 잠시 눈을 돌려 쉽고 편하게 살고도 싶지 않으셨을까. 하지만 아버지는 길이 아닌 길을 선택하기보다, 품격에 맞는 길을 찾아 사셨기에 짙은 그리움으로 다가오시는가 싶다.

"그래, 오빠라고 불러도 괜찮아"

으름이 나뭇짐에 얹히어 산에서 내려오면 가을은 토실토실 여물어 갔다. 올해도 개암사 우금암 골짜기에 소나무를 감고 타는 덩굴이 소담한 으름 몇 개를 아슬아슬하게 매달고 있다. 추억은 그 시절로 되돌아갈 수 없기에 더 그리운 것일까? 한 동네 복례가 빙긋이 내밀던 초승달 같은 으름이 단맛을 품고 입 안 가득 달착지근하게 채워져 온다.

세가호뜸 복례 아버지는 거무죽죽한 헝겊 조각에 찐 고구마 서너 개를 싸서 가지고 산으로 가곤 했다. 가리나무 한 짐을 지고 산에서 내려올 때면 불그레한 햇살 한 줌까지 얹어 왔다. 나뭇짐에 덩굴째 매달린 으름은 입을 떡 벌리고도 덩싯덩싯 춤을 추어댔다. 그 바람에 내 눈은 벌어진 으름에 꽂히고, 목구멍에 침 넘어가는 소리가 귀청을 울렸다. 살이 포동포동한 으름은 복례의 입을 즐겁게 할 테니 상상만 해도 부러웠다.

아이들에게 농촌의 가을은, 봄 여름은 물론이고 겨울보다도 나았다. 마을은 변산을 등지고 들판을 마주하고 있어 가을이면 먹을거리가 더러 있었다. 들에는 누런빛으로 살찐 메뚜기며 미꾸라지 같은 물고기를 잡아 구워 먹는 맛은 고소했었다. 풀어놓은 망아지처럼 산 속을 헤매 밤이며 정금, 으름 등 열매를 따 먹는 일은 재미까지 있었다. 그러나 들이나 산에 가도 '꾸르륵 꾸르륵' 쪼그라든 어린 창자를 채워주지는 못했다.

산 열매 가운데서도 으름은 얼핏 초승달을 닮았다. 송편만 한 크기에 속살은 난작난작하여 부드럽고 단맛까지 진득하다. 긴 넝쿨에 매달려 나무를 타고 오르다가 조개처럼 벌어지면 가을도 함께 익어간다.

학교가 끝나고 산그늘이 마을로 내려오기 전에 줄방죽 둑에 매어놓은 소를 끌고 오는 게 나의 일상이었다. 그럴 때면 복례가 가끔 으름을 두 개나 세 개를 들고 들샘가에서 나를 기다렸다. 어느 때는 달랑 하나만 들고 서 있기도 했다. 그래도 아버지가 따가지고 온 으름을 먹지 않고 주는, 복례는 고마운 아이였다. 나는 야들야들한 속살에 검정깨처럼 씨가 섞였어도 단맛이 진득한 으름을 스스럼없이 받아먹었다. 그런 나를 바라보는, 복례는 흐뭇한 표정에 수줍은 웃음까지도 지어 보였지만, 나는 그냥 무덤덤할 뿐이었다.

어느 날인가, 복례가 느닷없이 "오빠."라고 불러 처음에는 얼떨떨

했다. 내가 "그래, 오빠라고 불러도 괜찮아."라고도 안 했는데, 제 마음대로 부른 것이다. 하여튼 나보다 한 살 아래인 복례가 나를 퍽 좋아했었나 본데, 나는 다른 아이들이 보는 앞에서 무척 겸끄러웠다.

저녁나절 외양간에 소를 매고 솥에서 여물을 푸고 있는데, 문밖에서 "오빠." 하고 부르는 게 아닌가. 하던 일을 멈추고 엉거주춤한 행동거지로 나가보니, 집 모퉁이에 서 있는 복례 얼굴에 서녘 햇살이 넘치고 있었다. 다른 때보다 작고 쭈글쭈글하게 못생긴 으름을 네댓 개를 들고 왔다. 상기된 표정으로 봐서 덜 여문 으름을 억지 익혀 들고 온 것인가. 고맙다는 말보다는 으름이 입으로 먼저 들어가는 내 모습을 보는 복례는 흐뭇한 얼굴이 역력했던 것 같다. 마음속으로 좋아하는, '오빠'에게 주는 으름이기에 기뻐했나 싶었다.

복례의 순진한 마음을 몰라주어서였을까? 저녁이 되니 뱃속이 슬슬 비틀기 시작했다. 그리고 밤이 깊어지기가 무섭게 측간으로 먼저 내달려야 했다. 밤새껏 몇 번을 들락거렸는지 모른다. 어머니는 뱃속에서 광란이 났다며, 밤중에 큰형수님과 등불을 들고 집 언덕을 더듬어 쑥을 뜯어다 짓이겨 즙을 냈다. 처음 마시는 쑥즙은 왜 그리도 쓴지 그냥 아픈 대로 참았으면 싶었지만, 이로운 약은 입에 쓰다는 말이 맞는가 보았다. 고통으로 지샐 것 같던 배는 신통하게 평온해지고, 새벽녘에 잠이 들었다. 아침에는 다리가 후들거리고 눈은 삼십 리나 들어간 성싶었다. 어머니에게 말은 안 했지만, 아마도 어제 저녁때 먹은 상한 으름 때문인 것 같았다.

덜 여문 으름은 장독대에 놓아두면 햇볕을 받아 억지로 벌어진다. 오래된 바나나처럼 색깔이 거무튀튀해지고, 속살은 달고 부드러우니 쉬파리들이 모여들어 쉽게 상하기 마련이다. 철딱서니 없는 나는 속으로 복례를 원망했다.

저녁때가 되어 새방죽 둑에 매어놓은 소를 끌고 오는데, 복례가 들샘길 삼거리에 지켜서 있다가 "오빠." 하며 으름을 줄기째로 내미는 게 아닌가. 나는 본체만체도 안 하고 새치름한 투로 말했다.

"이까짓 으름 안 먹어, 튀밥도 안 받을 거야. 이제는 '오빠'라고 부르지 마."

갑자기 복례의 얼굴이 일그러지며 글썽이는 눈물을 보이지 않으려는 듯 뒤돌아섰다. 검정 미영 치마폭에 감추어 가지고 온 으름을 얼른 뒷짐으로 가리며, 그렁그렁했던 복례 얼굴이 지금까지도 내 가슴에 멍울로 남아 있다. 어쩌면 복례는 잠도 설치고, 밤새 엎드려서 속울음을 했을 것이었다. 고구마 몇 개를 헝겊에 싸 들고 산으로 가는 아버지가 '다시는 으름을 따오지 않았으면' 바라지 않았을까. 복례가 마음에 받을 상처를 왜 헤아리지 못했을까? 순수한 복례의 마음에 입은 상처를 씻어 주지 못한 게 두고두고 안타까웠다.

복례는 검정 가마솥에 보리를 볶으면, 어머니 몰래 한 줌이나 싸쥐고 와서는 내 조끼 호주머니에 넣어주기도 했다. 그 궁핍한 가운데서도 나를 따르던 복례의 마음을 몰랐다. 해맑은 영혼을 몰라보고 몽니를 부리던 나의 모습이 도리어 측은하게 느껴졌다. 새빨개진 얼굴로 뒤돌아가던 단발머리 복례의 뒷모습은 내 마음을 천 길 낭떠러지로 곤두박질치게 했다. 이런 내 마음이 복례에게 다가가기를 바랐지만 안타깝게도 전할 도리가 없었다.

세월은 흐르고, 한참 오래전에 고향 읍내 시장통을 헤매어 복례네 집을 찾았다. 땀에 찌든 복례를 보는 순간 내 몸은 그 자리에 굳어버린 듯했다. 집을 떠나온 이후로, 복례도 나도 아무런 관심도 없이 살아왔는데, 맥없이 민망했다. 복례네 식당 주변을 미루어 궁색하게 보여서였을까. 뻘밭에서 억지로 발을 빼려는 사람처럼, 땅이 꺼질 듯한 한숨 소리가 내 심장을 곤두박질치게 했다. 그때 장독대에 억지로 익혀서 들고 온 으름 껍데기처럼, 쭈글쭈글 검게 탄 얼굴이 내 마음에 깊은 골을 파고 들었다.

"그래, 오빠라고 불러도 괜찮아."라고도 안 했는데, "오빠"라고 부르던 착한 복례였다. 그녀의 마음만큼이나 철모르던 유년의 시절이 지금까지도 '멀뚱멀뚱' 나를 아프게 한다.

어머니의 보자기

일찍 찾아오는 봄은 항상 시장 골목에서 만난다. 시골 아주머니들이 보자기에 싸서 이고 온 푸성귀에 얹힌 봄은 장터 골목을 차지하고 손님을 기다린다. 장을 보러 온 발길이 드문드문한 한낮시간이면 오이, 가지나 푸성귀들은 나른한 봄볕에 긴 하품을 하며 꿈속에 빠져 있기 마련이다.

나는 이런 풀죽은 봄나물일지언정 가슴 깊숙이 들여놓는다. 그리고는 해가 기울 때까지 도란도란 이야기를 나누는 상상에 빠져든다. 어렸을 적 내 어머니를 봄나물 덕에 만날 수 있기 때문이다. 지금도 내가 가끔 고향장터를 찾곤 하는 이유가 되기도 한다.

어머니는 읍내 장날이면 밭매던 호미는 잠시 마루 밑에 던져두셨다. 흙으로 범벅이 된 몸빼 대신에 하얀 옥양목 치마저고리로 갈아입고 장에 가셨다. 동네 아주머니들도 비슷한 차림새지만, 보자기에 담긴 장거리들은 나름 나름이었다. 구럭에 암탉 한 마리와 달걀 꾸러미를 들고 가는 아주머니가 있는가 하면, 콩이나 팥 수수 등 잡곡을 싼 보자기를 이고 가기도 했다.

어머니는 무 배추며 파 쑥갓 등 울안 남새밭에서 푸성귀들을 챙기셨다. 이런 나물들을 보자기에 싸서 머리에 이고 종종걸음으로 이웃들에 끼이셨다. 이때 보자기 귀퉁이로 삐져나온 푸성귀는 어머니의 머리 위에서 '히죽히죽' 나를 놀려대곤 했다. 햇살에 간지럼이라도 탔기 때문일까. 이런 모습을 보는 내 마음은 어머니 고개만큼이나 무겁기만 했다.

그 시절은 누구나 가난에 갇혀 허덕였다. 어머니의 보자기에는 절박한 갈망이 담겼다. 불안한 세상에 던져진 자식들만은 넉넉하고 걱정 없는 삶이기를 바라셨다. 당신의 자식만은 세상을 배 곯지 않고 살아가는 꿈이 보자기에 담겨 있었다.

아직 초등학생이었던 나는, 어머니의 보자기처럼 무명천에 검정 물감을 먹인 책보를 허리에 매고 다녔다. 땀과 눈물로 얼룩진 어머니의 보자기와 달리, 내 책보자기는 꿈을 채워 싸주셨다. 옆구리에 맨 검정 책보자기는 어머니의 간절한 소망이었다. 나도 집과 학교를 오가면서 책보를 놓치지 않으려고 안간힘을 썼다. 이제 와 생각해도 어머니가 보자기에 싸주신 꿈이 어깨를 누르는 버거운 짐이었을지라도, 선불리 내려놓지 않은 게 얼마나 다행인지 모른다.

어머니께서 무거운 책보를 내 손에 들려주셨기에, 세상의 거센 물살에 휩쓸리지 않고 버티어낼 수 있었다. 그 무엇과도 바꿀 수 없는 책보를 간직했기에, 어머니의 소망을 저버리지 않아 다행이라 여긴다. 어머니가 안겨 주신 꿈이었는데, 어찌 제풀에 지쳐 쉽게 버려 지겠는가.

배를 곯던 시절에도 풍요로운 꿈이 있어 마음만은 춥지 않았으니, 어머니가 보자기로 감싸준 덕이었다. 그러니 한 번 태어난 인생에 어렵사리 담은 꿈을 이루는 데 망설이지 않은 게 얼마나 다행인가.

이제는, 어머니가 가슴 졸이며 검정 보자기에서 틔워주신 내 꿈이 분수를 넘어 허우적거리지 않기를 바라야겠다. 혹시라도 눈치 없이 욕심 하나만 짊어지고 앞만 보며 걸어 온 삶은 아닐까. 나이를 먹으면 '그러려니' 하고 살아야 한다는데, 아직도 팔팔하게 날 것 같던 젊은 날의 꿈에서 헤어나지 못하고, 이곳저곳 기웃거리지는 않는가. 분수가 지나치면 철 지난 강가에 앉아 있는 듯, 먼 산만 바라보며 파도처럼 밀려오는 회한에 젖어 있기 마련이라는데….

해묵은 소나무는 햇볕 쨍쨍한 언덕에서 너른 그늘을 만들어 줄 때 사람들이 우러르며 모여 든다. 내가 설 자리를 모르고, 이리저리 설쳐대서야 어디 분수에 맞게 나이 들어가는 사람이겠는가. '세상 끝나는 날까지 소년 같은 마음'으로 흡족한 미소 하나 흘리면 그만일 텐데.

오늘 밤에는 좋은 꿈을 꾸었으면 하는 바람을 안고 잠자리에 들어야겠다. 창살에 비치는 호롱불이 아늑한 고향 집에서 어머니가 작은 꿈보자기를 안고 기다리시면 참 좋겠다. 용꿈이고 돼지꿈도 소용없으니, 어머니께서 보자기를 풀어 꺼내주는 꿈이라면 얼마나 좋을까.

내 이름 '워리'

하굣길의 아이들 가운데에는 장난기 담긴 별명도 더러 불리었나 보다. 까르르 웃어대는 소리는 까만 아스팔트길 위에서도 거침없이 뒹군다. 내 젊은 날도 저처럼 푸르고 싱싱했을까.

"워리, 워리야 멍 멍 이리 와."

어릴 적 '워리'가 멋쩍은 미소를 머금은 채로 슬그머니 내 마음 깊숙이 파고든다. 그리고는 철이 덜 든 시절, 장난스럽게 굴던 짓궂은 얼굴들이 하나둘 다가와 서성거린다.

초등학교 때부터 짓궂은 아이들은 내 이름 두 자를 다 부르지 않았다. 그냥 끝 자 '월'이만 부르니 '워리'가 되었다. 까불기 좋아하는 아이들답게 강아지 부르듯 놀리는 재미며, 혀 놀림도 쉬워 그럴 만도 했을 것이다. 하지만 놀림을 당하는 나는 분을 삭이지 못하고, 얼굴은 붉으락푸르락 울상을 짓곤 했다. 그럴수록 아이들의 놀림은 느긋하게 여유로워지고 부풀려져 치솟는 나의 울화는 하늘에 닿을 듯했다.

이제 와 돌이켜 생각해보니, 쓸데없는 걱정을 안은 세월이 얼마나 이어졌는지는 가물가물 가늠하기조차 쉽지 않다. 어쭙잖은 별명에 묶이어 내 안에서 부글거리듯 끓고 삭히려 발싸심했던 게 부끄럽기만하다. 이름 탓에 부모님 속을 상하게 한 그 시절이 아련한 회한으로 마음 바닥을 훑으며 지난다.

어머니는 내 이름에 신앙보다 더한 희망을 품고 사셨으리라 여길수록 마음은 더욱 아려온다. 할아버지가 지어주신 이름이니 '큰 사람人物'이 될 것이라며 시무룩한 나를 달래주곤 하시던 어머니. 내 생일이 음력 팔월 스무날이니 어머니는 만삭인 추석날 밤 꿈속에서 내 이름을 얻으셨다. 생전에도 못 본 노인이 꿈에 나타나 나를 안고 이름을 부르시더란다. 생생한 꿈 이야기를 아버지께 여쭈니 틀림없는 할아버지라고 하셨다. 나는 '종월鍾月'이라는 이름을 가지고 세상에 나왔기에, 어머니의 꿈이 얼마나 컸을지는 상상을 하고도 남을 만하지 않은가.

한학漢學을 하시어 풍수에도 밝으신 큰아버지께서 태몽을 들으시고는 한자로 '鍾月종월'이라며 해몽까지 해주셨다. '종鍾'은 '은은하고 듬직한 울림으로 많은 사람의 마음을 깨우치는 사람이 되라'는 뜻이라 했다. '월月'은 한가위 보름달처럼 '부족함이 없는 빛으로 온 세상을 밝히라' 는 것이니 모두가 수긍하여 그렇게 불러왔다.

사실이지, 나는 철이 들면서 내 이름이 마음에 썩 들지는 않았다. 세련되었다거나 부르기에 쉬운 이름도 아니다. 흔치 않은 이름인데다 더덕더덕 촌티만 붙어나니 매력도 없다. 더구나 옛날 기녀妓女들의 이름에 주로 쓰이는 끝 '월月'자가 항상 나를 주눅이 들게 했다. 나는 여자로 오해를 받아 당황한 게 한두 번이 아니었다. 솔직히 내 이름은 어떤 장소에서 소개를 받거나, 나 스스로 멈칫거려질 때가 많았다.

성인이 되어서야 퍼뜩 할아버지가 지어주신 이름이라 여기며 사랑하게 되었다. 더구나 어머니가 꿈에서 얻으신 이름인데 어찌 가벼이 넘길 수 있을까. 하지만, 내 삶의 행간마다 무엇 하나 딱 부러지게, 손에 쥐어지는 게 없다. 쉽고 빠른 길로 질러가지 못하고 휘감아 도는 세월 따라오다 보니 이름값을 못해, 할아버지께 미안한 마음만 안고 산다.

그래도 내 이름이 삐죽거리는 사람들의 입에 들어가 구겨지는 삶과는 조금은 거리가 있는 성싶어 위로되기도 한다. 지난 세월에 수없이 많은 태풍을 만났지만, 우람하다는 사람들의 그림자에 가려 살다 보니 뿌리째 뽑혀 넘어지는 일은 없었다. 두루뭉술 야무지지는 못해도 모나지 않아 정에 쪼이지도 않았다. 그런 까닭이었을까. '워리'는 울타리 치지 않은 친구들의 가슴 속을 드나들며 불려 다니고 있다.

"워리, 왔어?" 하며 슬며시 장난을 걸어오는 동료들이 더러 있다.

그러면 나는 한술 더 뜬다. “멍 멍, 그래 왔네. 자네 형 멍멍이가 왔어.”

이래저래 우리는 ‘멍멍이 친구’가 되곤 했다. 때로는 ‘워리 형’이 되고 ‘워리 동생’, ‘워리 오빠’도 된다. 그 순간 추억을 쌓는 웃음이 만들어지며 허허로울 뻔했던 시간은 친근함으로 다가와 채워진다. 워리 곁에 있는 노처녀 선생님의 어두운 얼굴에도 웃음이 번진다. 찜질방에서 뜨끈하게 지진 사람처럼 새뽀얀 얼굴로 바뀌는 모습을 보면 ‘워리’가 우리 사이를 가깝게 이어주는 끈이라 여기곤 한다.

할아버지가 지어주신 이름 덕이라 생각이 드니 문득 만나 뵙고 싶어진다. 아버지가 열일곱 살 때 돌아가신 할아버지. 어떤 어른보다 더 낯선 내 할아버지다. 단 한 번이라도 뵈거나 불러 본 적이 없는 나는 상상조차도 할 수 없다. 참으로 어렵게 “할아버지” 하고 부르려니 어쩐지 입이 벌어지지 않는다. 나로서는 할아버지의 얼굴은 물론이고, 풍모와 체취마저 느낄 수 없는 노릇이 아니던가. 아버지 말씀대로 큰아버지를 생각하면 어림으로라도 할아버지의 체취가 느껴질 것이라 하셨다. 점잖은 행색이며 느릿한 말씀마저도 같다 하셨다. 할아버지가 기뻐할 것이라 여기니 바로 옆에 계신다. 친구들한테 놀림을 당했던 어린 시절, 원망했던 기억들이 꿈틀대며 마음은 죄스러움으로 밀물이 되어 들어찬다.

이제 한가을이 되면, 내 생일에 맞추어 한가위 보름달도 온화한 얼굴로 웃음을 가득 지어 보여줄 게 아닌가. 한 발 한 발 빈틈없는 빛으로 웃음을 내리는 달을 보며 할아버지께 다가가는 내 마음의 발길도 잦을 것 같다.

오늘 밤 따라 노인의 수염 같은 새털구름이 살 차오르는 달을 씻기듯 지나고 있다. 수염 흩날리는 어른이 '워리'가 모시고 온 할아버지일까. 가물가물 가슴에, 할아버지는 왜 이제야 찾았느냐며 무척이나 반기시는 것 같다. 한 줄기 바람마저 주위를 감고 돌며 '워리'와 뛰어놀던 옛 친구도 장난기 가득한 얼굴로 다가온다.

나는 어리석게도 할아버지를 모르고 살아왔다. 내가 태어나기 전에 살다가 가셨든, 남쪽 땅끝마을에 살고 계시든 바짝 다가가니 나한테도 할아버지가 계신다. 이웃에 사는 친구도 멀리 있는 것처럼 무심히 지내왔던 날이 얼마나 많았던가. 이런 사람들을 챙겨 가슴에 품으니 이웃이고 친구다. 외로움이 물러간 자리에 이웃들이 모여든다. 내 이름, '워리' 덕이려니 싶다.

식어버린 구들장

고향마을 어귀에 들어서면 고가 한 채가 먼저 눈에 들어오곤 했다. 동갑내기 내 친구 형칠이네 집이다. 오늘따라 마을 안창에 들어앉은 형철이네 집이 폭삭 주저앉아 지붕에 잡초만 칙칙하다.

쓸쓸해진 가슴을 달래며 골목에 드니 길 가 풀 섶마저 낯설다. 돌담장 옆으로 까맣게 그을린 구들장들이 책장처럼 차곡차곡 쌓여 있다. 거무튀튀한 그을음을 드레드레 붙이고 담벽에 기대있는 게 안쓰럽기까지 하다. 이런 몰골을 해가지고 어디로 가려는 것일까. 늘 방이 추워 마음까지 옹송그렸던 어린 시절이 따라붙는다. 연기가 사라진 저 너머로 얼핏 지난 세월이 어린다.

6 · 25전쟁은 수많은 사람의 목숨을 앗아갔다. 온 나라는 폐허가 되어 살길마저 막막했다. 시국은 뒤숭숭하고 어지러웠다. 내 편 네 편을 가른답시고 무고한 양민의 희생만 키웠다. 사람을 잡아 가두고

살상하는 장면이 일상으로 이어졌다. 빨간 물이 든 사람들은 북쪽으로 올라갔거나 산으로 숨어들었다. 낮에는 대한민국, 밤에는 빨치산이 판치는 어지러운 세상이었다.

이런 소용돌이 속에 큰형이 한밤중에 돌아왔다. 구들장에 데운 아랫목처럼 따뜻한 어머니의 품 안이 그리워서였을까. 초근목피로 근근이 끼니를 때워도 어머니는 큰형을 서울로 유학을 보냈었다. 자식들만은 당신처럼 춥고 배곯지 않게 하려는 간절함이었다. 큰형이 빨간 물이 들어 돌아오며 어머니의 꿈은 산산조각이 나버렸다.

시절이 그러하니 어머니는 실망조차 드러낼 틈이 없었다. 반가우면서도 두려움에 떨어야 하는 어머니였다. 자나 깨나 걱정으로 날 새는 어머니. 가슴은 불구덩이에 데우는 구들장이 되어갔다. 방고래 위에 깔려 방바닥을 데워주시는 어머니의 품이 그랬다.

어머니는 집 뒤 잔등에 서서 마을 어귀를 바라보는 게 일상처럼 되어버렸다. 혹시라도 총대를 맨 순경들이 들이닥치지나 않을까, 속은 숯검댕이가 되어갔다. 어머니가 보는 앞에서 큰형이 끌려가거나 무슨 변을 당하기라도 하면 어찌 될지 뻔한 일이었다.

벌써 형칠이네 두 형은 변산으로 숨어 들어갔다는 소문이 온 동네에 파다했다. 형칠이 어머니는 걱정은 되겠지만 당장 두려울 일은 없었다. 두 아들은 이미 품 안을 떠났기 때문이었다. 하지만 내 어머니의 아들은 품 안에 들어와 있다. 품 안에 자식을 총칼 든 경찰에게 내준다는 것은 상상만 해도 끔찍한 일이었다. 아들을 지키고자 하는 어머니의 가슴은 모성母性에서 한 치도 어긋남이 없으셨다.

아버지를 시켜 골방 한구석 구들장을 들어내고 큰형이 들어갈 만한 공간을 만들었다. 큰형을 그 안에 숨기고는 다시 구들을 놓아 덮었다. 그리고 위에 항아리를 놓았다. 항아리에는 통보리로 채워 옴짝달싹도 할 수 없게 보였다. 감쪽같은 구들방이었다.

아버지는 쉼 없이 헛기침을 하시며 고래 깊숙이 생솔가지를 태우는 일을 멈추지 않으셨다. 부엌으로 빨려들어간 불은 다른 고래를 타고 연기를 내뿜었다. 어쩌면 골방에 구들장이 놓인 이래 이처럼 찐득찐득하게 믿고 지낸 일은 없었을지도 모른다.

아직 어린 나는 동네 어귀 팽나무 아래서 또래들과 놀고 있었다. 그때 내변산으로 이어지는 신작로 갈림길에서 순경 두 명이 동네로 꺾어 드는 게 보였다. 또 사람을 잡으러 오는 것일까? 어른들의 가슴은 솥뚜껑만 보아도 자라를 본 듯 놀라던 시절이었다. 마을 앞 모정 사람들은 걱정스런 얼굴로 순경들을 맞이해야 했다.

무거운 침묵 속에 장총을 멘 순경들의 발걸음만 불안하게 바라볼 뿐이었다. 며칠 전에도 국방색 옷을 입은 순경들이 떼로 몰려와 형칠이네 대나무밭을 쑤시고 다녔었다. 산으로 숨어 들어간 아들을 내놓으라고 형칠이 어머니를 닦달하는 것이었다.

그런데 순경들이 느닷없이 어린 나를 지목하여 수작을 거는 게 아닌가. 참말로 살갑게 다가오더니, 구겨진 국방색 바지 주머니에서 과자 몇 개를 꺼내 손에 쥐어 주는 게 아닌가.

"네 큰형 어디 있니?"라고 묻는 것이었다. 아무리 예닐곱 살이라지만 참 철딱서니 없는 나였다. "큰형은 집에 있다."고 스스럼없이 대답을 해버렸다. "아침밥도 함께 먹었다."고 묻지 않는 말까지 덧붙였다. 까닭을 모르는 나는 순경들과 잔등 길을 따라 집으로 향했다.

어머니는 집 옆 잔등에서 마을 앞 큰길을 초조하게 내려다보고 계셨다. 내가 경찰을 안내하여 잔등 길로 걸어오는 꼬락서니에 얼마나 놀라셨을까. 번개같이 형을 구들장 밑으로 숨기셨다. 호미로 죄 없는 텃밭 고랑만 긁으시는 어머니의 손은 떨고 있었다.

경찰이 어머니를 알아보고 큰아들을 어디에 숨겼느냐고 다그치듯 말했다. 어제도 형칠이 어머니가 당하는 모습을 보았던 나는 '아차' 하고, 부들부들 떨고만 있었다. 어머니도 호락호락 기죽지 않고 얼굴을 붉히셨다. "내 아들이 어디 있는지 찾아내라."며 오히려 호통을 치셨다. 자식을 살리려는 모성애는 두려움이 없었다. 그리고 어머니는 내 손을 잡아끌 듯 잔등 너머 밭으로 향하셨다. 어머니의 손에 이끌려가는 어린 가슴에 후회인지 두려움인지, 알 수 없는 고동이 방망이질을 했다.

어머니의 가슴은 타들어 가는 불길로 또 한 번 숯검댕이가 되었다. 그래도 어머니는 끝내 당신의 가슴 속이 시꺼메진 그을음을 연기로 날려 보내지 않으셨다. 가슴앓이로만 삭히고 숨겨두셨다. 생색내지 않고 지극정성으로 몸을 뜨겁게 달구어 당신의 몫을 다하는 구들이셨다. 겉으로 보기에 투깔스럽고 볼품없는 넓적 돌이지만 참으로 속 깊은 구들을 닮으셨다.

구들장은 온기만 삼키고 남은 연기를 허섭스레기처럼 밖으로 내쫓는다. 첩첩 주름진 얼굴은 어머니만이 드러내는 존재감의 징표다. 그러기에 팍팍한 현실에서 가슴을 뚫고 나갈 출구는 먼 신기루처럼 아득하였으리라. 생의 환희를 꿈꾸며 생명의 경이를 품은 어머니, 어찌 세파에 지쳐 불씨마저 사그라지겠는가. 세월 속에 식어버린 구들장, 어머니의 온기가 식은 옛집은 냉기만 흐른다.

"부탁해요, 엄마"

얼마 전에 종영된 KBS-2TV 주말극 「부탁해요, 엄마」를 보며 언뜻 '나의 이야기일 수도 있겠구나.' 싶은 상념에 깊숙이 빠져들고 말았다. 무능한 남편의 아내이자 철이 덜 든 세 남매의 어머니(고두심). 태산처럼 쌓인 걱정들을 뒤로하고 홀연히 떠날 수밖에 없는 마음을 헤아려 본다. 미완未完의 저린 아픔이 가슴 가득 채워 들었다

지난 추석 연휴 때 초등학교 시절 한 여자 동창을 만났다. 그러나 반가움은 잠깐이고 오히려 안 만난 것보다 못한 마음, 시린 우연으로 남고 말았다. 초등학교를 졸업한 이후로는 연락도 없이 지내 온 친구였다. 그러다가 J시 문화회관 아코디언동아리에서 나를 알아보는 남자 동창 K를 만나며 그녀의 안부도 듣게 되었다.

친구 K는 나하고 한 고향인 B군에 살면서도 동아리 활동은 J시로 다닌다. 이런 인연으로 얼기설기 엮인 이야기들로 지난 세월을 돌아

다보았다. 그런 가운데 그 여자 동창 이야기까지 끌어들였다. K는 ○○문학회에 나오는 여자 동창이랑 시문학활동을 한다고 했다. 그도 시집詩集을 냈고 지금도 꾸준히 활동을 해왔단다. 듣고 보니 K의 투박하지만 소탈한 말투에서 농민시인다운 목가적인 분위기가 배어났다.

문학에 관심이 있는 내가 그 여자 동창을 만나 보고 싶은 충동에 사로잡히는 것은 당연하였다. 마침 추석을 맞아 친구의 주선으로 셋이서 오붓한 자리가 만들어졌다. 참으로 긴 시간을 건너와 만나는 얼굴들이었다. 지나온 삶 속에서 상관도 없는 이야기들까지 미주알고주알 쏟아 놓을 때마다 박속 같은 하얀 웃음꽃은 한가위 보름달 아래 더욱 도드라졌다.

시간이 길어지며 거나해진 K의 목소리에 분위기가 조금 아슬아슬했다가도 자연스럽게 제자리로 돌아오곤 했다. 셋이서 한꺼번에 터져 나오는 웃음소리까지 옛이야기를 찾아 되돌려놓는가 싶기도 했다. 지금의 만족한 삶이 남편의 덕이라며 나름의 땀으로 가꾼 삶 이야기까지 티 없는 동심이었다. 서털구털 살아온 나를 이 친구들이 거울이 되어 보여주는 성싶기도 했다.

그래도 서로의 속사정을 알고 마음속을 들락거릴 수 있다고 보아서일까. 덕분에 우리는 하나의 마음으로 차츰 거리가 가까워지고 서로를 닮아갔다. 글 숲을 걷는 친구들을 만나서일 것이다. 내 마음의 밭도 더 촉촉해지고 걸게 살찌워주는 거름이 되어주는 동창들이었다. 그리운 사람끼리 피워내는 은은한 향기, 내 마음의 바탕에는 오래도록 멀리까지 가져 가리라는 다짐으로 은근히 스며들고 있었다.

그녀는 처음에 앉아 있던 다소곳한 자세에서 조금도 흐트러짐이 없었다. 나는 소박한 그녀의 모습에서 한시도 눈길을 떼지 못했다. 그러고 보니, 초등학교 시절 내 머리에 각인되어 있던 그 아이는 아니었다. 누군가 조금만 비위를 건드리기라도 하면 치켜뜬 두 눈이 정말 겁이 나던 아이였다. 그런 두렵고 거구의 몸은 사라지고, 무게가 있어 보이는 것은 나이가 들어 그러려니 했다. 다소곳한 자세며 수수한 옷차림은 예전의 그녀가 아니었다. 빙긋이 웃음으로 받아들이는 품은 향기를 머금었다. K군의 말마따나 시집을 두 권째나 준비하다니, 호기심은 자연스럽게 그녀에게로 쏠릴 수밖에 없었다.

나는 온 마음을 다해 가깝게 느끼려고 언제 또 만나자는 약속이라도 잡고 싶었다. 그러나 첫 만남에 부담이 될 것 같아 나중으로 미루고 그냥 가슴에 담아 두었다. 대신에, 연락이라도 주고받아야 할 성싶어 호주머니에서 명함을 꺼내주었다.

사실이지, 지금까지 살아온 날에 비하면 우리에게 남아 있는 시간이 얼마나 되겠는가. 그동안 하릴없이 흘려보내는 시간을 잡지 못하고 살아온 삶도 생각해보았다. 하지만 그날 우리 셋이서 만난 시간은 성대한 사색의 성찬이었으니, 그 진지한 분위기를 지금껏 잊지 못한다.

나는 그날 우리에게 아직 시간이 많이 남아 있다고 여겨서인지, 빈

약한 내 수필집과 그녀의 시집을 주고받으리라 희망으로 간직해 두기까지 했다. 어설픈 내 글 숲에 낙엽 하나 주워 향기 나는 수필로 빚으리라는 상상으로 설레기까지 했었다. 오래도록 잊지 못할 추억이 되리라 기뻐했지만, 지나고 보니 나는 어림없는 꿈을 꾸었나 싶었다.

그 여자 동창을 다시 볼 수 있었던 것은 불과 보름도 채 지나지 않아서였다. 친구 K가 휴대전화로 찍어 보내온 국화 속에서 그녀는 해맑게 웃고 있었지만, 나를 참 많이 아프게 했다. 그의 사진 뒤로 친정집이 있는 ㅇㅇ리 큰길가 벚꽃이 화사한 4월의 봄날을 말해주고 있었다. 해맑은 표정마저 내 마음을 짙은 그늘로 드리워지게 했다.

숨어 핀 진달래꽃처럼 분홍빛 입가에 미소로 말하고 대답하던 보름 전의 그녀가 나를 보고 빙긋이 웃어 보였었다. 서툰 시골 아줌마 말씨, 겉멋도 모르는 소박한 그녀의 모습이 내 눈에 지금도 선연하다. 어렸을 적 얕은 눈으로 본 내 마음에 죄책감이 무겁게 짓눌러왔다.

그날의 잔잔한 미소에서 나는 그녀의 마음을 찬찬히 읽을 수 있었다. 지키지 못한 약속들에 미안해 할 만큼 겸손한 사람이었다. 그의 책상에는 끼적거리다 만 원고지며 책갈피에 내 명함까지 꽂혀있을까. 아직 체온조차 식지 않은 시 한 구절도 반쯤 눈을 깔고 길 떠난 주인이 다시 찾아오리라 기다리고 있을지.

어제 저녁나절까지도 그녀는 집 안팎 이곳저곳을 둘러보지 않았을까. 늦은 밤 베갯머리서까지도 "제발 부탁해요, 엄마 가지 마세요." 울부짖던 남편과 자식들은 어떻게 살아가야 할지, 대답 대신에 이르고 당부를 하다가 긴 잠 속으로 들었을까. 내일로 미루어 두었던 일마저 남겨 두고서 어찌 갔을까. 우리가 만났던 그 날이 오늘과 다른데, 이루지 못한 삶은 항상 내일로 이어질 것이라고 믿고 살아온 게 잘못이었을까.

우리 동네 원두막 이야기

골목마다 또래끼리 시끌벅적하던 얼굴들은 다 어디로 갔을까? 세태 탓만 하고 돌아서기에는 너무 안타까운 내 고향이다. 유소년시절 옛집을 둘러보러 가는 길이다. 아래뜸으로 내닫곤 했던 길옆 참외밭, 원두막이 있던 자리에 마음이 걸음을 멈춘다.

"산내이모, 참외 좀 잡숫고 가셔요." 우리 어머니를 이모라고 부르던 한동댁, 오동통하고 작달막한 아주머니의 소박한 인정이 새삼 그리움으로 차오른다. 큰 키에 구부정한 한동양반이 구럭에 참외를 따서 어깨에 메고 나오던 모습도 생생하다. 높고 시원한 원두막에서 여름 방학책을 펴놓고 숙제를 하던 큰딸 봉이가 부럽기도 했었다.

옛날에는 마을마다 참외, 수박밭이 서너 곳은 있었다. 한여름 얼룩무늬 개구리참외가 푸른 잎에 알몸을 드러낼 듯 말듯 숨바꼭질로 보는 사람마다 감질나게 했다. 그 때문에 밤이면 마을 청년들이 장난처럼 참외 서리를 즐겼다. 서리는 말이 장난이지 참외밭을 넝쿨까지 질겅질겅 밟고 다니면 그해 농사는 망치는 것이나 마찬가지였다. 주인으로서는 어떻게든 지켜내야만 한다. 이런 까닭에 참외밭에는 어김없이 원두막이 있었다. 예고도 없이 찾을지도 모를 밤손님을 막기 위한 초소나 다름없었다.

원두막은 우선 안전하고 방어에 목적이 있으므로 높게 지었다. 시야가 넓고 바람까지 시원하게 통하니 이보다 더한 쉼터가 따로 있을까? 밭매는 어머니, 누님들의 땟거리 먹는 장소가 되기도 하고, 길을 가다가 소나기라도 만나면 허물없는 피난처이기도 하였다. 거기에, 우리 마을 원두막은 또 하나 대단한 역사를 일구어 냈다. 처녀, 총각이 사랑을 약속하고 부부로 이어주는 장한 일을 세 건이나 해냈다.

내가 태어날 무렵, 한동댁과 한동양반은 이 원두막 덕에 부부가 되었다. 총각 한동양반이 처녀 한동댁에게 참외 맛보여 주겠다고 밤에 불러냈다. 그리고 둘은 부부가 될 수밖에 없게 되었다. 그 시절에 그만한 일을 저지른 한동양반이 참 용감하다고 생각한다. 짚신도 짝이 있다고 했던가? 순진한 총각 한동양반이 처녀 한동댁을 점찍어 놓았다가 거사를 감행했다는 이야기는 두고두고 동네에 화젯거리였다. 부슬부슬 비 오는 밤에 이루어진 일이니 서로 마음을 맞추었을 것이라는 짐작은 하고도 남았다. 그날 밤, 원두막에서 세상에 나올 준비를 한 아이가 큰딸 봉이다. 댁호宅號도 한동네 사람끼리 결혼했으니 '한동댁, 한동양반'이라 불렸다.

한동양반은 넓죽한 얼굴에 말은 좀 어둔하지만 사람 좋은 아저씨였다. 한동댁은 두툼한 입술에 유별나게 볼이 튀어나와서인지 예쁘지는 않아도 복스러워 보였다. '나도 어른이 되면 저 양반들처럼 오손도손 행복하게 살아야지.' 어린 내 맘에도 부러움을 살 정도로 항상 다정하게 사는 모습을 보여주었다. 한동댁네 큰딸 봉이는 검정 몽당치마에 웃통을 벗고 다녔다. 그때는 누구나 다 그랬으니까 흉은 아니다. 봉이는 배꼽이 밤알보다 커서 우리는 '배꼽쟁이'라고 놀렸다. 그래도 울지 않고 자기 배꼽을 만지며 히죽히죽 웃는 속이 좋은 아이였다.

부전여전이라 할까, 모전여전이라 할까? 둘 다 맞는 말이다. 봉이가 스무 살을 갓 넘겼을 무렵에 그 원두막에서 부부의 인연을 만났다. 해가 어스름할 무렵, 비를 피한답시고 들이닥친 한 동네 진구라는 총각과 몸을 섞었다는 소문이 파다했다. 한바탕 소동이 일었지만, 배가 불러오니 서둘러 결혼식을 올렸다. 어머니와 딸이 한 원두막에서 신랑들을 만난 셈이었다. 동네에서는 댁호를 두고 한때 의견이 분분했다. '한동댁, 한동양반'은 부모님이 선점했으니, 궁리 끝에 이장님의 제안으로 '일촌댁, 일촌양반'이라 부르기로 의견을 모았다. 한동네 사람끼리니 서로 이해하며 오손도손 잘살고 있는 일촌댁과 일촌양반 부부를 가끔 만난다. 남과 다르게 만난 부부, 고향을 등지지 않은 이들의 기특한 삶에 격려해주곤 한다.

그 무렵에 동네 친구 성호가 결혼을 한다는 연락을 받고 갔다. 예식장 하객들은 대부분 동네 어른들과 동창들이었다. 그런데 신부를 보고는 눈을 의심해야 했다. 한 동네 종숙이가 아닌가? 이들도 마을 뒤 종숙이네 원두막이 맺어주었단다. 성구가 종숙이를 꼬드겨 성사된 일이라 했다. 또 원두막에서 좋은 일이 생긴 것이다.

이들의 댁호는 어찌했을까 궁금했는데 '지동댁'과 '지동양반'이라 했다. 지(자기)동네 사람끼리 부부가 되었으니 잘된 호칭이라는 생각이 들었다. 우리 동네는 어찌 보면 참 살기 좋은 마을인가보다 생각이 들곤 한다. 우리 마을을 떠나기 싫어 한동댁에 일촌댁이 있는가 하면, 지동댁까지 생겼으니 말이다.

추억이 어린 옛집을 보고 나오는 길에 지동댁이 된 종숙이를 우연히 만났다. 그를 보는 순간, 흐르는 세월에 석양빛을 피해 갈 수 없는 아쉬움이 스며왔다.

종숙이가 "오빠도 동네 안 떴으면 한동양반이 될 뻔했어, 경자 언니가 벼르고 있었으니까."

그 말에 피식 웃고 말았다. 우리 뒷집, 내 동갑내기 경자를 두고 하는 말이었다.

어찌 되었든 우리 마을은 '물 반, 고기 반'이라는 말처럼, 총각 처녀로 들썩했었다. 그 시절에는 남녀가 편하게 마음을 나눌 장소가 마땅히 없었다. 그래도 안전한 곳이 원두막이 아니었을까? 우리 마을에서만 있었던 원두막 이야기다.

귀농 귀촌하는 사람들이 하나둘 늘고 있다. 마을에 젊은이들이 둥지를 트니 아기 울음소리도 들을 수 있을 것 같다. 이제는 원두막 대신 참외, 수박이 가득한 비닐하우스가 하얀 물결을 이룬다. 농촌이 풍요로워지면 서울로 떠났던 이쁜이와 곱분이도 돌아오고, 마을은 생기가 돌 것이다. 갑돌이와 금순이가 원두막 대신 하우스에서 부부의 인연으로 행복을 가꿀 날도 오리라.

제 2 장

아내의 거울

사람이 태어나서 늙고 병들고 스러져가는 것은 순응할 수밖에 없는 자연의 질서이지 않은가. 나는 아내의 겉멋만을 훈수하는 반쪽 거울이었나 보다. 영혼으로 비춰주는 똑똑한 명경明鏡 하나 가슴에 걸어 주어야지 않을까 싶다.

바바리코트를 떠나보내며

장롱 안을 살피는 아내의 어깨너머로 누렇게 바랜 바바리코트가 반갑게 다가온다. 그 순간 가슴 저 밑으로부터 가벼운 흥분이 인다. 타다 남은 젊은 날의 낭만이 아직 내 몸 어딘가에 조금쯤은 남아 있다는 말인가. 서울에서 공무원으로 취직한 아들이 첫 월급으로 이 검정 코트를 사 왔을 때는 참 낯설었다. 나는 새 옷을 걸칠 때마다 아내의 잔소리에 투정으로 맞대응하기 일쑤였다. 그러면 아내는 '가꾸지 않은 곡식 잘되는 법은 없다.'며 '옷이 날개'란 말로 다독이곤 했다. 변덕이 죽 끓듯 하는 나는 아내 말을 듣고는 내일의 출근길이 슬며시 기다려졌다.

바바리코트는 초라할 뻔했던 내 날개가 되어, 칙칙한 숲을 헤치고 창공을 날 수 있게 해주었다. 까만 코트가 다소곳이 걸려 있는 모습을 보는 것만으로도 중학생 시절의 기분이 되살아났다. 교복을 입었을 때만큼이나 설렜던 게 엊그제 일 같다.

찬바람이 옷깃을 스치기 시작하면 집집마다 겨울 채비에 바쁘다. 웬만큼 세월을 먹다 보니 한 잎 두 잎 낙엽 지는 소리가 예사롭지 않다. 이제 손발이 가드라들기 전에 식구들 겨울옷을 챙겨놓아야 안심을 할 나이쯤 되었다.

아내는 이 옷 저 옷을 손으로 조심스럽게 쓸어본다. 그리고는 쓸 만한 옷은 장롱 안으로 들이고, 헤지거나 바랜 옷은 눈 밖에 난 강아지 내쫓듯 밖으로 내보낸다. 겨울이 멀지 않으니 한 철 간 옷이 대부분이다. 아무튼 철에 맞는 옷은 안으로 들였을 테고, 밖으로 쫓겨난 옷들은 수거함 아니면 쓰레기장으로 갈 것이다.

코트는 추위를 막기 위하여 양복 위에 입는 덧옷이다. 추위도 나름이기에 그에 맞추어 입는 코트도 종류가 여러 가지다. 특히 바바리코트는 기지가 얇아 가을이나 늦은 봄 등 약한 추위에 입는다. 명색이 덧옷이니 어느 정도 추위와 상관을 지어 입어야 온몸에 부담이 덜 한다.

남다르게 추위를 많이 타는 나는 양복 위에 겉옷을 하나 더 입었다. 그러나 이 바바리코트라고 하는 겉옷은 추위를 가리기에는 그다지 도움이 못 된다. 하지만 이 코트를 입기 위해 가을이 앞당겨서라도 오기를 기다리곤 했다.

아침에 출근할 때는 코트를 입거나 덜 추운 날이면 팔에 걸친다. 그러니 구색 맞추어 멋을 부리기에 딱 어울리는 얄브스름한 덧옷이다. 입어도 뚱뚱하지가 않아서 좋다. 바람이라도 부는 날이면 제비 날개처럼 팔랑인다. 누가 보더라도 멋있어 보일만 했다.

그날따라 하굣길의 신작로를 뒹구는 바람결이 매서웠다. 나는 코트 깃을 바짝 올려 귓바퀴를 타고 넘는 바람을 막고 걸었다. 그때 후배인 오 선생이 내 뒤를 따라오면서 "선배님 참 멋있어요." 하는 게 아닌가. 이런 칭찬이 내가 코트를 입는 데 주저하지 않게 해주었다. 한술 더 떠 팔에 걸치고 출퇴근이나 나들이를 하는 버릇까지 자연스러워졌다.

이제 회백색의 겨울 속으로 가는 길목에 나는 서 있다. 멋을 부리는 것이 퍽 어줍다는 생각으로 멈칫해진다. 바바리코트를 입은 사람이 행동에 가들랑거릴 수 없는 노릇이다. 거실 바닥에는 이미 나를 떠날 옷가지들이 수북하다. 내 청춘의 한 자락을 꾸며주었던 코트도 저런 신세가 되지나 않을까, 아내 눈치를 보는 마음이 아심아심하다.

아니나 다를까. 아내가 코트를 돌돌 말아서 사정 두지 않고 마루 멀찌감치에 휙 던진다. 코트는 잔챙이 옷들 위에서 시무룩하다. 한때 팔팔하던 내 젊음도 저렇게 시들어갔으리라. 이름도 방향도 모르고 어디론가 사라져 갈 것이다. 내 젊은 날이 살아 돌아와 항의라도 하는 성싶다. 눈에 쌍심지가 돋아 아내에게 따져본다. 꼭 버려야 하는지….

아내는 내 표정에 신경이 쓰이는지 한마디 한다. 아이를 달래는, 더 힘이 들어간 훈계 같다.

"젊은 날에 늘어놓았던 헛된 꿈들은 버려야 합니다. 감정의 겉치레도 하나씩 벗겨 내세요. 쓸데없는 모임이나 감투도 이제 맞지 않습니다. 미련을 두지 마세요."

아내의 말을 찬찬히 새겨 들으니 허투루 하는 잔소리는 아닌 성싶다. 단호하면서도 구색이 맞는 말이다. 낙엽이 길바닥에 뒹굴면 겨울은 성큼 다가온다. 내 나이쯤이면 마음이 앞장서 길을 떠날 때다. 굳게 닫힌 마음에는 두꺼운 커튼이 내려진다. 어둑한 마음의 창에도 내 겨울은 깊게 배어들 때다. 해묵은 추억들로 가뭇없이 사라지는 인생의 겨울이지 않은가.

바바리코트가 떠나듯 이런저런 것들도 하나둘 내 곁에서 떨어져 나갈 것이다. 그러면 나는 가벼워질 수 있다. 어제 올랐던 성황산의 도토리나무들도 풍성한 잎을 버리지 않았던가. 다가올 겨울에 맞추어 홀가분했다. 열매를 털고 비대해진 몸매를 줄이어 바람에 맡기고 있었다.

바람에 온몸을 흔들어대다가 아득히 흩어져가는 억새꽃도 보았다. 아름다웠던 나의 과거도 풍장風葬 하듯 떠날 것이다. 풍요가 출렁이던 벌판, 호수 같은 하늘이 허전하게 밀려올 때도 있을 것이다. 그러면 단골집 할매식당에서 친구와 추억을 안주 삼아 주거니 받거니 식어가는 가슴을 데우면 된다. 내 젊은 날을 장식해주었던 바바리코트가 홀연히 떠나갔듯이, 이제는 어깨에 남은 짐까지 훌훌 털어버리고, 가벼운 발걸음으로 당당히 걸어가는 나를 본다.

부부 여행가이드

석양을 안고 집에 들어서는 아내의 얼굴빛이 발그레하다. 동네 부녀회원들을 안내하여 백련사 동백을 보러 간다더니 분위기가 꽤 좋았던가 보다. 봄이 되니 나들이하는 모임들이 부쩍 늘었다. 아내는 친구나 동창 등 허물이 없는 작은 모임을 안내하여 여행한다.

나도 아내 못지않게 가이드 일로 바쁘게 산다. 오는 화요일에는 북부실버대학 어르신들을 안내하여 장사도를 여행한다. 이어서 토요일에는 '○○교육가족문화답사회'와 함께 충주 중앙탑공원과 탄금대 등을 답사하기로 되어 있다.

우리가 여행을 안내하는 일로 바쁘지만 그래도 보람은 있다. 더욱이 아내는 나보다 훨씬 자상한 가이드라는 생각에 이르면 더없이 기쁘다. 빈틈없는 성격이니 여행을 안내하는 일에 오죽이나 꼼꼼할까 싶어서다. 이런 아내를 볼 때마다 옛일들이 새록새록 덧씌워오곤 한다.

아내는 50대 중년에 들면서 '체머리 증세'를 보였다. 때와 장소를 가리지 않고 고개를 좌우로 흔드니 예삿일이 아니었다. 할 일이 밀려 있거나 조급해지면 증세는 더 심했다. 이런 모습을 보는 사람마다 쑤군대는 게 부담스러워 아내는 모임에 동행하기를 꺼렸다. '나 때문에 창피하지요?' 하는 속내 같아 더 마음이 아팠다.

아내는 아홉 남매의 맏이다. 친정과 이웃에 살며 두집 살림을 하다시피 했다. 부모님은 징, 장구 등 풍물을 만드는 공장을 운영했다. 나온 물건들은 소상인에게 넘기거나 직접 파는 일로 바빴다. 집안 살림에 등한할 수밖에 없는 처지를 아내는 안타까워했다.

할 수 없이 부모님의 빈자리를 아내가 메우며 살았다. 빠듯한 공무원 월급으로 아들딸 넷을 키울 때였으니 오죽이나 힘들었을까. 줄줄이 여덟이나 되는 동생들 치다꺼리까지 도맡은 아내는 정신이 피폐해져 갔을 것이다. 중년이 된 아내 머리에는 또래들보다 일찍 무서리가 내렸다. 설상가상으로 체머리까지 얹혀서 올 줄이야 상상이나 했을까.

체머리를 지켜보거나 경험한 사람들은 백약이 무효라며 자기 일처럼 안쓰러워했다. 걱정을 안고 이곳저곳 정신신경병원도 다녀봤다. 하나같이 신경성에서 오는 증상이라는 말만 되풀이로 들어야 했다. 뾰족한 효과를 기대할 수 없다는 말이나 다름이 아니었다.

용하다는 한방병원에서 한약과 침술 치료까지 받아봤다. 증세는 제자리에서 한 치도 호전되지 않았다. 젊어 힘들어할 때 마주 잡아 주고 토닥거려주었던들 이렇게 되지는 않았을 것이다. 생각할수록 후회와 자책감이 가슴을 무겁게 짓눌러왔다.

아내를 볼 때마다 지푸라기라도 잡고 싶을 만큼 절박했다. 마침 시골에서 어머니를 모시고 사는 친구가 문병을 왔다. 어머니의 경험담을 들려주며 도움을 주려는 마음 씀씀이 고마웠다. 꾸준한 산책으로 효험을 봤다는 이야기는 갖고 싶은 선물을 받은 듯 반가웠다. 전에 의사 선생님께 산책과 여행이 심신의 안정에 도움이 된다는 말씀을 들은 적이 있다.

아내의 병이 나을 수 있다면 무슨 일인들 못 할까. 열 일을 제쳐두고 여행을 일삼아야겠다고 다짐했다. 은퇴 후를 대비하여 수년간 해왔던 테니스도 당장 접었다. 우리 부부의 여행은 아내의 체머리에 떠밀린 것이지만 오히려 고맙게 여길 만했다.

1992년 4월, 승용차에 몸을 싣고 전라남도 장흥으로 첫 여행에 나섰다. 해변의 작은 어촌에서 민박을 할 수 있었다. 주인인 선장님과 이런저런 삶 이야기로 인연을 쌓았다. 마당 가까지 밀려온 파도 소리를 들으며 첫 여행의 밤을 보냈다.

몇 차례 부부 여행을 다니는 동안 아내는 알아보게 달라지기 시작했다. 밑도 끝도 보이지 않을 것 같던 일에서 벗어난 아내의 얼굴에 봉숭아꽃물이 드는 듯했다. 이렇게 시작한 여행은 주말이면 거의 빠뜨리지 않고 이어왔다. 지금도 아내는 설렘이 앞서서인지 여행을 갈 때면 환하게 밝힌 속내를 숨기지 못한다.

그때만 해도 도움이 될 만한 여행 지도는 별로 없었다. 요즘 자동차마다 필수로 장착된 내비게이션은 상상도 못 할 때였다. 발길 닫는 곳, 머무는 곳이 여행지였다. 소문 따라다닌 덕분에 산간 오지까지 속속들이 돌아보게 되었다. 그동안 다닌 곳만 1,200여 곳이 된다. 오지를 지나다 날이 저물어 화전민이 살던 빈집에서 날을 새기도 했다. 때로는 텐트촌 젊은이들과 어울리다 보면 아내의 체머리는 어디론가 떠나 있었다.

아내는 소심하고 하는 일이 완벽해야 누그러지는 성격이다. 남을 더러 의식하고 자기 결점이 드러나는 것을 꺼렸다. 아내의 체머리가 재발하지 않으려면 항상 평화가 깃들고, 흐뭇함이 배어 있어야 한다. 여행이 체머리와 멀어지는 길이라 여기며 집을 나서는 이유이기도 하다.

내가 여행을 자주 한다는 소문이 여러 사람에게 번져갔다. 그런 덕에 동료나 친구들의 여행을 안내하는 일이 빈번해졌다. 10여 년을 하다 보니 가이드라 불러도 어색하지 않을 만큼 익숙하다. 부창부수라더니 동행하던 아내까지 가이드로 대접을 받는다. 쑥스럽지만 순순히 받아들이는 도리밖에 없다.

이런저런 여행 모임이 겹치게 되면 아내까지 가이드를 하게 된다. 인원수가 적은 여자 회원들이면 아내는 감당하기에 수월하다. 가이드는 안내 겸 여행도 하니 '뽕도 따고 임도 본다.'는 게 우리 부부를 두고 하는 말인 성싶다.

은퇴 후를 준비하던 테니스는 잊혔지만 여행 가이드가 대신하고 있다. 강산이 변하는 10년이 넘게 여행 가이드로 활동하고 있다. 인생 후반을 세상여행과 더불어 살리라고는 꿈에도 생각하지 못했다. 품삯을 받는 것도 아니니 여행을 안내하는 일을 보람이라 여긴다.

아내는 가이드 일에 푹 빠져서인지 체머리를 잊은 지 꽤 오래되었다. 아직 500여 곳이나 남은 여행지가 바닥이 날 때까지 안내할 궁리에만 바쁘다. 인생 2막을 나눔과 봉사로 채우며 동행하는 아내에게 감사하며 살아간다.

다슬기장조림 덕에

아내는 다슬기장조림만 있으면 밥 한 공기쯤 거뜬히 비운다. 요즘 내 마음은 아내와 식탁에 마주 앉는 것만으로도 쾌청한 하늘을 가슴에 품은 듯하다. 이런 기분은 끼니마다 창으로 새어들어 온 햇살마저 식탁 위에 머물기 때문이다. 아내가 입맛을 되찾은 것은 다슬기장조림 덕이려니 싶으면 가슴 바닥으로부터 포근한 봄바람까지 인다.

사람이 나이 들어가면 그렇듯이 아내도 미처 상상하지 못한 변화에 가슴앓이하나 싶다. 자식들이 하나둘 저마다 둥지를 만들어 떠난 자리가 아내의 마음에는 허전함으로 밀려들었던 것 같다. 젊음을 밑천 삼아 땀과 눈물로 쌓은 성취의 기쁨마저도 모래성처럼 서서히 무너져 내리는 아픔이었을까. 사람은 육체의 쇠약함보다 영혼의 허허로움이 더 겁이 난다. 이런 아내를 보며 인생의 비릿하고도 달콤한 감정을 표현할 기력조차 잃어버릴까, 걱정은 늘 내 가슴 속에 숨겨두고 산다.

어느 때부터인가, 아내의 식사는 갈수록 나이에 반비례하는 듯했다. 식탁에 앉을 때면 아내의 미간에 세로로 좁혀지는 주름이 선으로 뚜렷했다. 이럴 때면 나는 식탁에 턱을 괴고 아내의 숟가락 나들이에 눈이 꽂혀있을 수밖에 없다.

내 상심은 깊어지고, 이런 걱정은 예전에 근무했던 학교가 있는 구절재를 넘었나 보았다. 재 넘어 온 소식에 놀란 제자 부인이 다슬기 장조림을 만들어 걱정까지 안고 찾아왔다. 다슬기는 옥정호로 흘러드는 매죽천에 널려있으니 손쉽게 잡을 수 있다지만, 이들의 온정은 우리 부부를 감동케 하고도 남을 일이었다.

다슬기장조림에 입맛을 다신 아내는 단번에 그 매력에 빠져들고 말았다. 여남은 살 때 외할머니가 정읍천에서 잡은 다슬기를 간장에 조린 딱 그 맛이란다. 참 오랜만에 먹어보는 다슬기장조림이 할머니의 손맛에 대한 추억으로 되살아온 것일까. 그 이후로는 입맛 타령마저 다슬기장조림 맛에 묻히고 말았다.

다슬기장조림에 입맛을 되찾은 아내는 섬진강변 마을에 다슬기를 잡는 부부가 있다며 부푼 가슴을 숨기지 않았다. 소문대로 60대 초반 부부가 손수 잡아 팔고 있었다. 밤새 잡은 다슬기는 주로 전주나 임실 등 식당에 들어가기 때문에 낱되로는 팔지 않았다. 그러나 옛맛을 그대로 살리고 싶어 하는 아내의 끈질긴 사정으로 3킬로그램을 사는 데 성공했다. 앞으로도 그만큼씩만 팔겠다는 약속까지 받아냈다.

다슬기는 상하기 쉬우니 곧바로 장조림을 해야 한다. 다슬기를 몇 번 씻어 물에 담가놓으면 모래 같은 찌꺼기를 뱉어내는데 이를 해감이라 한다. 양조간장에 집 간장을 약간 섞어 불에 달인다. 여기에 다슬기를 넣어 다시 센 불로 한참을 끓인다. 이런 과정을 거치면 간이 배어 짭짜름한 다슬기장조림이 된다.

다슬기장조림은 끼니마다 빠지지 않고 우리 집 식탁에 오르는 단골 메뉴가 되었다. 나이를 먹어 가면 더러는 입맛이 없다고 한다. 그러나 아내는 다슬기장조림만 있으면, 적어도 밥을 앞에 놓고 깨지락깨지락하는 일은 없다. 아내가 한 끼 식사를 그런대로 거뜬하게 할 수 있게 해주는 다슬기장조림이 나의 걱정을 덜어준 셈이다.

우리 부부가 마주 앉는 식탁은 맛 전쟁이라도 벌일 듯이 양편으로 진을 친다. 식탁에 놓인 반찬은 아내의 세심한 전략으로 편이 갈리기 마련이다. 그 속내를 훤히 아는 나는 짐짓 모르는 척하지만, 눈안개가 뿌옇게 양편의 경계를 흐린다.

아내 앞으로는 다슬기장조림이 호위무사가 되어 꼴뚜기, 명란, 새우 등 젓갈류를 거느린다. 이런 젓갈들은 끼니때마다 임무 교대를 하지만, 다슬기장조림은 충직함을 인정받아 빠지는 일은 없다. 아내의 입맛과 다슬기장조림은 찰떡궁합이나 다름없다.

내 앞에는 멸치볶음이나 검정콩자반, 김부각 등이 교대로 나온다.

내 젓가락 나들이가 빈번하게 쏠리는 것들도 아내는 눈여겨본다. 그들은 다음번에 빠지지 않고 함께 나온다. 가뭄에 콩나듯 굴비나 고등어가 등장할 때면 어김없이 내 쪽으로 온다.

마치 비무장지대를 흉내라도 내듯, 가운데 어정쩡한 자리에는 주로 김치와 채소류가 쌍방의 맛 전쟁이 도를 넘지 못하게 균형을 잡아준다. 이런 덕에 식사 때에는 반찬 타령을 잊고 산 지가 오래되었다. 맵고 짜다느니 내가 좋아하지 않는 반찬이라는 등 이러쿵저러쿵 시빗거리가 될 일은 없다.

그러나 아내의 손은 중간지대를 월경越境하는 불법(?)을 밥 먹듯 한다. 돗바늘만 한 나무꼬챙이로 작은 다슬기알갱이를 곶감처럼 네댓 개를 꿴다. 그리고는 중간지대를 넘어 내 입을 조준하여 공중으로 돌진한다. 나는 꼼짝없이 당할 수밖에 없다. 그 속내를 뻔히 아는 터라, 고개를 좌우로 설레설레 젓지만 입은 이미 벌려있다. 갑작스러운 공격에 속절없이 당하며 폭탄이 작렬한 화약 냄새가 입 안 가득 번진다.

파리한 다슬기 속살은 비릿하면서도 짭짜름하다. 하지만 사십 년이나 길이 들여진 맛은 꼼짝도 못 하고 습성으로 굳어지기 마련이다. 아내의 손맛에 익숙해진 나는 새삼 닮아있음을 알아차리게 된다. 인연이 길어지다 보면 깊어지는 정은 거리조차 지워진다. 티끌 없는 영혼은 믿음으로 굳어지고 하나의 정으로 살아가게 된다.

부부는 서로에게 세상을 구김 없이 날 수 있게 해주는 날개와도 같다. 나이를 먹어 가니 날개 꺾인 외기러기로 사는 친구가 있다. 아내에 대한 그리움을 안고 사는 이웃들도 하나둘 생겨난다. 남의 일 같지 않은 것은, 나 또한 비껴가지 말라는 법이 없으니, 두려움은 항상 멀리 있지 않다는 것을 안고 산다. 아내의 빈자리는 가슴에 큰 태풍이 되어 쓸고 간다. 삶의 뿌리까지도 송두리째 뽑혀갈 수밖에 없다.

아침 햇살이 창문 커튼 새에 숨어들기 전에 서둘러 집을 나선다. 다슬기를 가지러 강변마을에 가려면 우리나라 아름다운 길 100선에 드는 옥정호반을 지난다. 호숫가를 달리다 보면 부부라는 것을 잊고 슬그머니 우정 어린 친구로 되어 있곤 한다. 다슬기장조림 덕에 입맛을 되찾은 아내의 기쁨이 내 가슴으로 건너와 푸근히 자리를 잡는다.

아내의 거울

아내의 외출준비는 지루할 만큼 느리다. 얼굴에 크림을 바르고 토닥이는 등 본때 나게 보이려고 공을 들이느라 더디다. 나는 시간이 가는 줄 모르는 아내에 맞추느라 딴전을 피우며 느긋하게 기다려준다. 텔레비전을 보거나 책장을 넘기는 시늉을 한다. 부부는 입술과 이 사이만큼이나 허물이 없다는 것쯤은 오랜 세월 살아봐서 안다. 어느 한 가지라도 삐걱거림 없이 돌아가는 바퀴 같은 사이여서 걱정하지 않는다.

내가 꾸물대 주는 사이 아내는 거울 앞에서 머리 손질과 옷매무새까지 마쳤다. 하지만 이것으로 아내의 외출준비가 끝난 것은 아니다. 앞뒤와 옆모습까지 눈과 마음으로 보아주는 마무리를 나의 역할로 남겨 두곤 한다.

사람은 누구나 자신의 몸매를 볼 수 없으니 허물없는 사람에게 보아달라고 하는 것은 당연하다. 아내는 얼굴 화장부터 몸치장까지 내게 보아달라니 얼마나 기특한 일인가. 나를 믿고 부탁하는 아내 말을 고맙게 받아들인다.

나는 아내가 외출할 때마다 거울이 되어준다. 그것도 보통 거울과는 다르다. 화장대의 평면거울은 정면에서만 본다. 나는 아내의 앞뒤 좌우와 전체적인 균형미까지도 보아준다. 그러니 어디에서도 아무나 볼 수 없는 입체거울이지 않은가.

나의 시선이 엉뚱하거나 대충 훑어보는 일이 없도록 온 신경을 모아서 보아준다. 아내의 심리적 욕구에 맞추어 보아주는 심미경이 되기도 한다. 때로는 요즘 세태의 흐름이나 또래들의 취향을 따져서 보아줄 만큼 딱 맞춤 거울이다.

찰떡궁합으로 아들딸 넷을 낳아 기르며 살아온 세월이 얼마이던가. 그런 아내를 남들 앞에 내보내기에 그럭저럭 할 수 있을까. 남 앞에 나서기에 얼마나 더 흡족해야 할까 싶어 내 딴엔 깐깐하게 옷매무새까지 봐주곤 한다. 이제는 제법 익숙하게 요모조모로 별별스런 치장까지 일러줄 정도다.

내가 아내의 입체거울이 되어 주어야 하는 이유는 소통하기 위해서다. 꼼꼼한 아내와 설렁설렁 넘어가려는 나는 애초부터 맞지 않는 성격이라고 생각했다. 가끔은 좌충우돌 일상 속에서의 소소한 갈등을 불러들일 때가 더러 있었다.

이럴 때 서로가 공감해주고 고개를 끄덕여주면 꼬인 갈등을 풀 수 있으리라 여기곤 했다. 내가 아내의 거울이 되면 서로의 마음이 왕래할 수 있는 길은 넓혀질 것이다. 부부 사이의 지혜는 가르치고 배우며 진솔한 영혼을 보여주는 일이라 믿고 살아왔다.

아무튼 내가 아내의 입체거울이 되어주는 일을 시혜라고 생각한 적은 하늘에 맹세코 한 적이 없다. 어찌 보면 아내가 품앗이한 일을 게으른 내가 이제 흉내 내어 갚는다고 생각하면 미안하기도 하다.

아내는 내가 출근할 때마다 거르지 않고 나의 입체거울이 되어주었었다. 아침마다 앞뒤, 위아래로 쓸어보며 야무지게 훈수를 해주었다. 이제 와 돌이켜보니 품앗이한 아내에게 갚지도 못하고 먼 여행길을 떠날 뻔해 다행이라 여긴다. 동료들로부터 깔끔한 '영국 신사'라는 부러움을 산 것도 아내 덕이었다.

좀 열없는 얘기지만, 아내가 화장하고 외출할 때마다 농담처럼 하는 말이 있다.

"여보 예뻐, 내가 걱정될 만큼 예뻐."

이럴 때면 아내의 얼굴에는 흡족한 속내가 잔잔한 미소로 번지곤 한다. 집에서 기분 좋으니 밖에서도 대접받기를 바라는 마음을 담았다. 받는 기쁨보다 주는 기쁨이 더 크다고 했다. 나의 이 작은 마음 씀씀이가 우리에게 웃음이 될 수 있다는 게 '대견하다'는 생각을 한다.

사람이 얼굴을 다듬고 흐트러짐 없는 몸가짐을 하는 까닭은 자신보다 남이 보기 때문이다. 촌스럽다고 내려 깔보는 '깃 빳빳한 사람들'을 만나면 움츠러들기라도 할까 봐 '나는 아내의 확실한 거울이 되어주어야 한다.'고 다짐을 하곤 한다.

그러나 아내의 입체거울 같은 '외출 도우미'를 할 때마다 차마 드러내지 못하는 서글픔이 활화산처럼 솟구치기도 한다. 아내는 9남매 맏이로서 가까이 사는 친정 살림까지 간섭해야 했다. 거기에 또래보다 이른 나이에 결혼하여 4남매를 낳아 키웠다. 애초부터 타고난 성품은 못 버리는지, 이웃들 애경사까지 빠지지 않고 극성스럽게 설쳐댔었다.

그 때문일까? 남들보다 인생의 겨울을 빨리 맞이할 징조인지 무서리가 이미 내려앉았다. 센 이마를 젖히면 밭고랑 같은 깊고 삐뚤어진 나이테는 헤아리기조차 힘들다. 세파에 맞서느라 깊고 처진 목덜미는 가슴에 숨겨 온 아픔일까.

온종일 미장원에서 지낸 아내가 머리에 내린 무서리를 말끔히 쓸어내리고 석양녘에 들어왔다. 느닷없이 새까매진 머릿결이 되레 낯설게 다가왔다. 가꾸고 다듬어도 매정한 세월 앞에서는 당해 낼 장사가 없다는 것을 왜 모를까 싶기도 하다. 초가집 처마처럼 내려앉는 눈꺼풀이며, 입꼬리는 눈치도 못 채고 덧칠하기에만 부산하니 영혼마저 희미해질까 두렵다.

사람이 태어나서 늙고 병들고 스러져가는 것은, 순응할 수밖에 없는 자연의 순리이지 않은가. 지금까지 나는 아내의 겉멋만을 훈수하는 반쪽 거울이었을까. 영혼으로 비춰주는 똑똑한 명경明鏡 하나 진즉 가슴에 걸어두었어야 했는데….

그 아픈 이름, 연탄

노루목 안동네에 사는 성훈이네 어머니가 비틀비틀 몸을 가누기조차 힘들게 차에 올랐다. 꼭 정신줄을 놓아 버린 사람 같아 위태롭게 느껴졌다. 해가 짧은 이 산골 마을에서 토요일 정오를 한참이나 지나 허둥지둥 구절재를 넘어간다는 것도 예사롭지 않은 일이었다.

차에 타고서도 숨을 쉬기조차 힘들 만큼 입을 벌린 채 연신 버스 천정을 쳐다보며 울부짖었다. 그것은 그저 터져 나오는 신음呻吟 소리가 아니라, 가슴이 막혀 터지지 않는 소리조차 낼 수 없는 오열이라고나 할까. 너무 놀랍고 섬뜩한 느낌이 머리를 스쳐 갔지만, 그저 새어 나오듯 뱉어내는 희미한 말투가 내 귀와 가슴을 사정없이 짓눌러 왔다.

"아이고 여보 성훈이 아빠, 이게 웬 날벼락이여. 당신 불쌍해서 어찌 혀…."

이 한마디를 내뱉고는 까무러지기라도 한 듯 잠자코 있다가, 또 꿈 속에서 헤매기라도 하는지 중얼중얼 같은 말을 되풀이하곤 했다.

통곡을 하려 해도 나오지 않는 절박함이 바로 저런 것인가. 그 행동이 너무 안타깝고 이상한 느낌이 들어 눈길을 거둘 수가 없었다. 그렇다고 차마 다가가서 말릴 수도, 무슨 사연이냐고 물어볼 수도 없었다. 버스가 40여 분을 달려 시내 들머리에서 내가 내릴 때까지도 한숨으로 신음만 토해내고 있었다.

내가 담임한 6학년 성훈이 어머니지만, 혹시 절박한 심정에 더 큰 상처가 될까 봐 조심스럽게 버스에서 내려올 수밖에 없었다. 하지만 몇 걸음 떼자마자 후회가 나를 괴롭혀 왔다. 가까이 다가가서 무슨 일이냐고 물어나 볼 것을…. 숨조차 제대로 쉴 수 없을 만큼 기가 꽉 막혔을 때는 혈자리를 찾아 침을 놓는 것처럼, 가슴이 그토록 막힌 사정을 들어주어서 풀게 했어야 도리가 아니었을까.

성훈이 아버지가 아주 많이 아파서 그러는 것일까. 남편이 아프다는 전갈을 받고 가는 길이라면 걱정은 되겠지만, 숨이 넘어갈 만큼 애통해 할 것 같지는 않았다. 그러면 사고를 당했을까? 후회와 안타까움과 걱정을 안고 집에 들어서자, 텔레비전에서는 오늘 아침에 탄광에서 일어난 사고를 긴급 뉴스로 연속하여 방송하고 있었다.

강원도 정선 함백광산에서 일어난 다이나마이트 폭발사고로 광부 26명이 사망하고 38명이 중경상을 입었다. 우리 학교 옆 노루목 안동네에 사는 성훈이 아빠 유명근 씨가 사망자 속에 끼어있다는 소식도 함께 전했다.

올봄까지만 해도 성훈이 아버지는 특별한 직업이 없이 집에서 빈둥빈둥 놀고 있었다. 퇴근길에 버스를 기다리다 보면 노루목 절안댁네 주막에서 막걸리잔을 기울이거나 윷판에 끼어들어 시간을 메꾸기도 했다. 어쩌다 나하고 어울리기라도 하면 한숨이 섞인 푸념을 늘어놓아 당황하게 하기 일쑤였다. 그의 이야기 속에는 가장으로서 무능함과 아내와 두 남매에 미안함이 가득 배어 있었다.

그러다가 친구인지 친척인지는 알 수 없었으나, 아무튼 누군가의 소개로 탄광에 취직이 되어 강원도로 떠났다는 이야기를 들음들음 알게 되었다. 그것이 바로 열흘 남짓에 불과했다.

우연스럽게 일행에 끼어 문경석탄박물관에 들렀다. 역사의 뒤안길로 사라진 광부들의 잔상을 실감 나게 보게 되다니, 이런저런 추억도 함께 실려 오는가 싶다. 땀과 눈물이 탄가루와 범벅이 된 구구절절한 사연들, 광부들의 일상과 애환, 열악한 채탄장의 환경을 본다. 오랜 세월 속에 까맣게 잊고 살았던 성훈이네 아버지가 불쑥 나타나 나를 또다시 아프게 한다.

차마 사람으로 알아볼 수 없는 검은 얼굴이다. 지하 8백 미터에서 열기와 가스 냄새, 천장과 벽, 바닥으로 쏟아지듯 흐르는 물로 장화까지 푹푹 빠지며 땀과도 싸워야 하는 장면은 차마 마주보기조차 안타깝다. 막장에서 도시락을 먹을 때 쥐가 보이면 길조라며 먼저 밥을 주고 먹인다는 사진 속 이야기는 죽음에 대한 두려움의 속살을 그대로 보는 듯하다.

광부들은 막장에서 사고로 생을 마감하는 일이 세상에 알려지지 않을 만큼 비일비재했다니, 가족들에게 열약한 탄광의 환경이 얼마나 원망스러웠을까? 진폐와 폐암으로 숨진 광부의 검고 딱딱한 폐 한 조각이 알콜로 채워진 병 속에서 기어이 내 눈시울을 적시고 만다.

1980년대만 해도 우리는 겨울나기로 쌀과 김장, 연탄을 창고 가득 쌓아 마련해 두어야 안심이 되었다. 우리 집도 골목까지 연탄을 싣고 작은 트럭이 들어오면, 온 가족이 나서서 창고까지 나르느라 한바탕 법석이었다. 이런 덕분에 한겨울을 포근하게 날 수 있었다. 석유와 가스가 나오지 않는 우리는 석탄이 유일한 에너지원이었다. 서민의 삶에 필수연료가 되고, 산업의 중추적인 역할로 낙후된 경제를 키워냈다.

사실 나는 한 개의 연탄이 우리 부엌 아궁이에서 활활 타오르며 내 등을 따뜻하게 데워주던 석탄의 고마움을 깊이 생각해본 적이 없었다. 광부들이 수백 미터 지하 막장까지 오르내리던 일쯤은 상상도 하지 못했다. 내가 등 따뜻한 잠자리에 들고, 안온한 방안에서 가족들과 행복에 젖어 있는 뒤에는 광부들의 고달픈 일상과 목숨을 담보로 한 희생이 있었다.

석탄에 얽힌 애환은 광부들과 가족만이 아닌, 그 시대를 살았던 우리 모두의 이야기가 아닐까 싶다. 검은 연탄은 힘겨웠던 시절의 어두운 그림자를 연상케 한다. 고달팠던 한 시대의 이야기. 당시 사람들의 삶이 아픔과 추억으로 교차하며 성훈이 어머니가 애달파 하던 버스 안에서의 몸부림이 어제 일처럼 아프게 다가온다. 연탄, 생각만으로도 아픈 이름이다.

김치처럼 감칠맛이

겨우내 먹을 김치를 담그는 일은 연중에 큰 행사다. 춥고 긴 겨울을 걱정 없이 나도록 조상이 물려 준 지혜이기도 하다. 오죽하면 이때를 김장철이라 했을까. 오래전부터 김장은 우리 생활 속에 문화로, 이웃 간의 관계를 갈무리하는 정신까지도 몸에 배어 이어오고 있다.

가을이 물러가는 자리에 실 구멍만 한 틈 하나 없이 삭풍은 눈까지 몰고 와 겨울로 채워버렸다. 떠나는 가을이나 다가온 겨울을 보며 떠남과 만남은 육상 계주선수처럼 마치 한 짝꿍이라는 생각이 든다. 이런 깨우침을 삶에 삭혀 살았더라면 지금쯤 후회나 안타까워하지는 애초부터 없었을 것이다.

우둔한 나는 올해도 겨울나기 준비에 늑장을 부리다가 갑작스럽게 내린 눈 분배에 허겁지겁 서두르게 되었다. 김장은 겨울 채비에 빼놓을 수 없는 중요한 갈무리라는 것을 뻔히 알면서도 그랬다. 요즘은 경로 시설이나 독거노인, 소년 소녀 가정을 돕는 봉사단체들까지 김장 분위기로 시끌벅적하다. 이들의 훈김으로 세상은 따뜻해졌다. 시대를 따라잡는 미풍양속으로 이어졌으면 하는 바람이다. 아무튼 내 마음도 분위기에 빠져 바빠졌다.

여기에 김장에 대한 추억들이 희미한 기억 속으로 떠돌아다녔다. 그 속에는 항상 아픔이 도사리고 있었다. 텃밭에서 아버지 지게에 업혀 온 무 배추가 석양 마당 구석에 포갬포갬 쌓여 있는 모습이 동화 속 그림으로 다가왔다. 달빛 별빛을 불빛 삼아 밤새껏 다듬고 간을 치던 이웃 아주머니들의 정담도 도란도란했었다. 채 썰고 갖은양념을 준비하시던 어머니의 익숙한 솜씨는 왜 이제야 가슴 깊이 파고드는 것일까.

김장을 버무리는 날은 동네 잔칫날이었다. 남자나 여자가 하는 일에 구별이 있을 수 없었다. 온 동네 사람이 한통속이 되어 거들었다. 김장은 따뜻한 겨울을 채비하는 사람들의 마음도 갈무리하는 일이기도 하기 때문이다.

시장에 가게마다 채소가 산더미처럼 쌓였다. 팔고 사고 끌거나 싣고 가는 차량과 사람들로 붐볐다. 나와 같은 생각을 담고 살아가는 사람들이었다. 길가에 음식점마다 김장하는 사람들의 손들도 바빴다. 그 사람들 속에 나도 섞여 있었다.

발길은 검디골 채소밭으로 향했다. 칠보산에서 흘러내리는 물고랑이 밭 귀퉁이를 가래단속곳처럼 벌려놓은 빈 땅이 있었다. 이런 별 볼 일 없는 땅에 심은 무 배추를 보러 가는 길이었다. 8월 하순 무렵에 뙤약볕을 무릅쓰고 몇 두렁 심었다. 가난한 양반 씨 나락 주무르듯 망설이는 내 마음을 알아채기라도 했는지 옆집에 사는 양씨가 심고 남은 배추모라며 인심 써왔다. 밑져야 본전이라는 생각으로 허실 삼아 심은 채소밭이었다.

엇그제 첫눈치고는 꽤 많이 내렸다. 눈 녹은 밭에 무가 시큰둥하게 몸뚱이를 드러내고 있었다. 영양실조에 얼음 눈까지 입었다 벗은 몰골이 애늙은이처럼 노르족족했다. 배추는 포기를 만들기는커녕 날개를 펼치고 낮게 엎드린 작은 새였다. 금방이라도 나를 외면하고 계절의 뒤로 숨을 듯 보였다

체념으로 돌아서는 나를 동네 양씨가 불렀다. 아랫사람 다루듯 간섭이 습성으로 굳은 데다 터줏대감 노릇을 톡톡히 해 '안단박사'라 부른다. 나와 동갑내기로 어정뜨게 알고 지내는 사이지만, 전에 그의 아버지를 모시고 근무한 게 인연이라고나 할까?

그래도 자기 밭에서 욕심껏 뽑으라고 거들며 트럭으로 실어다 주기까지 했다. 그가 내게 채소를 아낌없이 선심이라도 쓰듯 주는 이유는 내년에 있다는 것을 나는 안다. 해마다 큰길 가 우리 밭 귀퉁이에 '오디를 팝니다'라는 현수막을 걸어야 했다. 서로 좋은 일이라 생각하니 마음은 편했다. 이런 일도 김장하듯 먼 훗날까지 아름다운 관계를 이어가는 '갈무리가 아닐까.'라는 생각을 했다.

이 친구의 힘을 입은 나는 개선장군이나 된 듯 큰소리라도 칠 기세로 대문 앞에 채소트럭을 세웠다. 그러나 아내의 안색이 심상치 않았다. 반기기는커녕 시큰둥했다. 설마하니 이렇게 많은 무 배추를 가져올 줄 모르고, 며느리가 직장 직원에게 부탁하여 백 포기도 넘게 푸고 떠난 뒤였다. 두 군데서 싣고 온 널브러지듯 쌓여 있는 채소가 걱정스러웠다. 이래저래 김장철이면 내 체면은 옴팡지게 구겨졌다.

아내의 가슴에 태산 같은 걱정만 안겨 주고 말았다. 아내는 시큰둥하고 나는 시무룩했다. 우리는 철로처럼 이대로 평행선을 달리는 것 같았다. 그래도 나는 걱정하지 않는다. 철로 위를 구르는 두 바퀴는 하나의 기차이기 때문에 어느 정거장에 가서는 멈출 수 있다는 희망이 있기 때문이었다. 부부는 오랜 갈무리로 깊은 맛이 나는 숙성한 김치처럼 삶을 꾸려가는 지혜를 이미 터득한 사이다.

아내는 재빠르게 이 사람 저 사람 연락을 했다. 마음씨만큼 너부데데하여 이 사람 저 사람이 흉허물없어 하는 큰 처남댁이 불이 나게 달려왔다. 붙임성 좋은 셋째 처제가 친구까지 데리고 와 덤비어들었다. 여러 마음이 모여서 눈 깜짝할 사이에 다듬고 소금에 절이니 마당에 쌓인 걱정거리가 한순간에 눈 녹듯 사라졌다. 내 가슴에 체증이 내려간 듯 후련했다. 어둠이 깔리어오는 마당에 조용히 숨죽여가는 무 배추를 보니 느긋해졌다. 아내는 역시 이웃 갈무리도 제법 잘했다는 흐뭇함이 가슴 바닥으로 고여 차오르고 있었다.

저녁에 갖은양념을 만들어두었다가 날이 새면 또 불이 나게 달려온 이웃들이 씻고 버무리면 한 해의 겨울나기는 완벽하게 될 것이다. 김장하려면 며칠을 두고 준비하는 게 한두 가지가 아니다. 상당한 노력과 숙달된 사람이어야 한다.

옛 어른들 말씀에, 김치는 정성이 양념이라고 했다. 곰삭은 젓갈처럼 숙성된 아내의 솜씨로 빚은 김치는 항상 알싸하면서도 들쩍지근한 뒷맛까지, 깊은 맛 속으로 빠져들지 않을 수 없다. 갈무리를 잘한 사람은 감칠맛에 향기가 나는 김치와 같아야 하지 않을까.

김장을 두고 요 며칠간은 나를 뒤돌아보게 하는 사색의 성찬이지 싶다. 뿌린 대로 거두는 게 인생이라는 데, 내가 살아오며 갈무리해 온 이웃이 몇이나 있을지.

두짝한쌍

엊저녁에 댓돌 위에 가지런히 벗어 놓은 운동화 한 짝이 감쪽같이 사라졌다. 제 짝을 놓아두고 한 짝이 새벽 마실길을 나갔나, 아니면 밤 봇짐을 쌌나 싶어 이곳저곳을 둘러보아도 찾을 길이 없다. 그냥 포기하고 새것을 장만할까 싶기도 하였지만, 남아 있는 한 짝이 가여워 대문 밖으로 나가보니 쓰레기 적재함 옆에 엎드려있는 게 아닌가.

아내가 애지중지 거두는 멍멍이가 물고 장난을 치다가 버린 성싶었다. 어쩌다가 내 구둣발에 차인 보복을 한 것인지, 아니면 심심풀이로 물고 뜯고 하다가 버린 것인지는 모르겠다. 하마터면 한 쌍의 멀쩡한 운동화가 짝 짝으로 갈라서는 신세가 될뻔했다.

짝을 찾은 운동화 발로 시내에 나가 보니 계절 따라 낙엽이 길 위에서 뒹굴고 있다. 눈을 장만하려는지 하늘이 찌뿌둥하다. 을씨년스런 날씨 탓에 사람들의 왕래마저 뜸하다. 석양을 등지는 노부부가 자전거 앞뒤 좌석을 나눠 앉고 골목을 빠져나온다. 앞길을 막아서지 말라는 듯 내 등 뒤에서 '따르릉'을 울려도 거슬리지 않는다. 두 짝이 쌍으로 살아온 덕에 균형을 유지하며 넘어지지 않고 살아왔다고 말해주는 것 같다.

노부부가 빠져나간 시장 골목은 끝에서부터 어둠이 흘러든다. 어둠을 본 30촉 알전등이 듬성듬성 망을 보기 시작한다. 상가 앞에 널브러진 폐지를 수레에 싣고 골목을 빠져나오는 노파가 시장의 하루를 닫는다. 몇 푼어치 폐지를 실은 수레의 양쪽 바퀴가 저희끼리 죽이 맞아 외롭게 걷고 있는 노파 등 뒤에서 '덜컹덜컹' 놀리는 성싶다. 해진 파카와 헐렁한 몸뻬로 추위를 가린 노파는 신산스러운 세상을 비껴가지 못한 것 같다. 짝이 없는 노파의 주위에 쓸쓸함이 무겁게 깔려 있고, 눈구름에 가려 희끄무레한 그림자조차 남기지 않고 생각 너머로 사라진다.

골목을 돌아 나오는 약국 앞에 붕어빵처럼 닮은 남녀가 포장마차를 닫고 있다. 비틀림 없이 한 길을 가는 부부를 보니, 두 짝이 한 쌍인 성싶어 편하다. 남의 일에 괜히 반가움이 끼어든다. 빵 이천 원어치만 달라고 했더니 덤으로 웃음까지 얹어준다. 떨이라며 죄다 준 빵을 가슴에 안으니 온기가 걸음을 재촉한다. 아내가 기다릴 것을 생각하니 큰길, 골목길 상관하지 않고 단걸음에 집 앞에 당도했다. 현관 안으로 발을 들여놓기도 전이다.

"당신이요?"

작은 인기척에도 아내는 대번에 '내 짝이구먼?'하고 확신을 해버린다. 품 안에서 붕어빵을 꺼내 내미니 기다렸다는 듯 집어 든다. 오거리약국 앞 포장마차에서 샀느냐고 묻기까지 한다. 역시 '이심전심'이라는 말이 이를 두고 하는가. 부부는 한 색깔로 본다는 생각에 이른다. 짝과 짝은 마음끼리 통하는가 보다.

서로 다른 짝이 만나면 처음에는 낯설고 어색하다. 그러나 어색함은 오래가지 않아 각기 가진 빛은 엷어지고 하나의 색깔로 합쳐진다. 짝짝이 만난 부부는 한 색이어야 한 벌의 맞춤옷처럼 편하고 남이 보기에도 어울린다. 부부의 화합은 겉옷과 같아서, 그 사람의 내면에 잠재된 인품을 드러낸다. 인품은 외모를 지배한다고나 할까.

딸네 집에 간 아내가 며칠 만에 돌아오면 집 안은 한층 밝아진다. 두 짝이 한 쌍의 부부가 되면 사랑은 하나의 빛으로 고이는 것일까.

아내의 잔소리는 상비약

일흔 살 되는 나한테 아내는 '간밤에 꿈자리가 사나우니 밖에 나가려거든 차조심, 말조심하시라' 고 신신당부까지 한다. 무슨 사나운 꿈이 그렇게도 자주 꾸어지는지, 젊어서 어머님께 귀가 무르도록 들어 온 이야기다. 듣기 좋은 이야기도 한두 번이지, 어머니가 하신 말씀을 아내가 물려받아서인지 나한테는 영락없는 잔소리로 들릴 수밖에 없다.

아내는 내가 하는 말이나 행동에 간섭을 많이 한다고 여겼다. 하나에서 열까지 상관을 해야 직성이 풀리는 사람으로 느끼며 살아왔다. 옷매무새에서부터 신발이며 걸음걸이까지도, 아내는 훈수라지만 나한테는 참견이었다. 심지어는 어쩌다 담배 한 개비라도 얻어 피우고 오는 날이면, 족집게처럼 알아차리고 그냥 넘기지를 않는다. 그러면 나는 '개띠라서 냄새도 잘 맡는다.'고 맞서 보지만 힘에 부치어 맥없이 물러서고 만다.

날이면 날마다 생각하지도 못한 잔소리들이 아내의 입에서 거리낌도 없이 나오곤 한다. 잔소리도 자주 하다 보면 습관으로 굳어지는가 싶기도 했다. 아내는 내가 '실수할까 봐' 조바심으로 하는 조언일 테지만, 매번 듣는 나에게는 잔소리로 들릴 수밖에 없다.

잔소리도 생명력이 있어 세월과 함께 발전하는가 싶기도 했다. 결혼부터 중년 무렵까지는 둔탁한 그 무엇으로 얻어맞는 느낌이었다. 나의 잘못이나 실수를 뭉뚱그려서 나무라는 식이었다. 그러나 중년 고개를 넘으며 잔소리는 정교해져 갔다. 핀셋처럼 콕 집어내 변명이나 항변할 뒷문을 닫아 버릴 정도로 발전했다. 의사가 처방을 내리듯 이러이러하게 하라는 방법까지도 일러줄 정도로 진화했다. 잔소리의 발전은 내가 두 손 들어 항복을 아니 할 수가 없게 만들었다.

'씨앗은 뿌린 대로 거둔다.'며 사람도 '실수는 인품을 망가뜨린다.'는 아내의 질서정연한 논리에 수그리고 사는 데 익숙해져 갔다. 아내의 틈새 없는, 네모반듯한 그릇에 맞추어 사는 사람으로 변해갔다.

이웃 친구나 동료들이 술자리 시간을 늘리거나 고스톱판을 즐기고 있을 때, 나는 아내 곁에 머물러 텃밭에 벌레를 잡고 풀을 뽑았다. 이런 모습을 보는 이웃집 사모님들은 나와 비교하여 자기 남편한테 한 소리 낼 수 있는 '한 건'이 되었다. 덕분에 친구들한테 또 눈치꾸러기가 되어야 했다. 큰 잘못이나 저지른 사람처럼 친구들 앞에 떳

떳하지 못하고 주눅이 든 사람이었다. 세월이 흐르다 보니, 집 안팎에서 아내 눈에 띄는 곳에 붙박이로 사는 데 익숙해져 갔다.

이런 외톨박이의 속도 모르는 이웃들은 '착한 남자'라고 침이 마르도록 치켜세우곤 한다. 아내의 그릇에 맞추어 다듬어지고 입맛에 맞게 변해왔으니 그럴 만도 하리라. 개성 없고 모난 데가 없으니, 시빗거리나 부딪힐 일 없는 순한 양이지 않을까.

아내의 비위에 맞추어 행동하거나 나를 버리고 살다 보니, 어느새 하나로 닮아가는 부부로 변해갔나 싶다. 생각이 닮다 보니 행동도 닮아가는지, 사람들은 우리 부부를 '잉꼬'라고 놀리기도 한다. 아내와 함께 가까운 산에 오르거나 휴일이면 여행을 떠나는 일로 무료함을 달래며 살아갈 정도로 변했다. 친구들과 어울리는 시간이 줄어드는 대신에, 아내와 여행을 떠나는 등 여가를 즐기는 시간이 늘었다.

나는 5남매 중 막내로 자라서인지 매사에 우유부단하다. 가장이 되어서도 결단력이 없고, 확실하게 맺고 끊지를 못한다. 술에 물을 탄 듯, 물에 술을 탄 듯이 그렇게 싱거운 사람이었다. 물가에 내놓은 어린아이처럼 아내의 마음은 항상 불안 불안했을 것이었다.

아내는 하는 일마다 대충 넘기지 않는, 꼼꼼하게 챙겨서 확실하게 매듭을 짓는 성격이다. 하지만 나는 아내와는 전혀 딴판이다. 대충대충 슬렁슬렁 넘기고 제대로 마무리를 하지 않는다. 누가 보아도 우리 부부는 성격이 정반대로 맞지 않는다고 여길 만했다.

하지만, 우리 부부가 똑같이 '쥐 씨 나락 까먹듯' 물 샐 틈 없는 '완벽주의자'라든지, 나처럼 얼렁뚱땅 넘겨버리는 헐거운 성격이라면, 얼마나 한심한 일들이 날이면 날마다 우리 집 안방을 차지하고 있었겠는가. 다행히도 아내가 배짱 내고 나오면 내가 뒤로 숨죽여 주고, 내가 옳다 싶으면 아내가 물러나 주어 부딪힐 일이 없었으니 우리 부부야말로 '찰떡궁합'이지 싶다.

한때는 꼼꼼한 아내와 덜렁거리는 나는 좌충우돌, 일상 속에서 소소한 갈등을 겪기도 했다. 하지만 지금은 서로 공감해주고 고개를 끄덕여주는 데 익숙하다. 힘들 때마다 위로와 격려로 나를 다독여주는 아내의 애틋한 마음이 나에게 오롯이 전해지고, 나 또한 아내에게 더없이 너그러워진 것이다. 아내의 이야기가 더는 잔소리가 아니고, 아내의 말에 반감이 생기지 않는 내 모습에 스스로 대견해한다.

벌써 서녘 하늘에 노을이 지니, 해묵은 추억들도 가뭇없이 사라지는 인생의 겨울에 들어섰는가 보다. 지나고 보니, 당하고도 행복한 구속은 '아내의 잔소리'가 아니었나 싶다. 아내의 잔소리는 내가 살아가는 데 가슴에 지니고 다녀야 할 상비약이라는 것을 새삼 느끼곤 한다. 잔소리도 힘이 있어야 하는지, 요즘 들어 아내의 말수가 적어지고 내 행동만 물끄러미 바라보기만 한다.

아내의 팔팔하던 잔소리는 그 시절 너머에 향수로만 머무르는데, 잔소리든 쓴소리든 누가 나한테 약이 되는 훈수를 해줄 것인가.

왕과 왕비의 순결한 사랑

겨울이 서둘러 찾아드는 게 북녘 가을의 끝자락이다. 두텁게 쌓인 걱정만큼이나 발걸음이 무겁다. 단종 능을 참배하고 청령포에 이르니 용의 눈물인 듯 빗방울이 굵어졌다. 시 한 수로 분위기를 이끄는 해설사의 재치로 그나마 마음이 누그러진다.

> 천만리 머나먼 길에 고운 님 여의옵고
> 내 마음 줄 데 없어 냇가에 앉았으니
> 저 물도 내 안 같아서 울어 밤길 예 놓다

금부도사 왕방연이 단종께 사약을 진어하고 한양으로 돌아가는 길에 읊었다는 시다. 비록 세조의 어명에 따르기는 했으되, 청령포를 바라보는 그의 비통한 심정이 절절히 배어 있다. 숙부에게 왕위를 찬탈당하고도 모자라, 혹독하게 죽임을 당한 비운의 어린 왕을 생각하면 가슴을 후벼 찢기는 듯했을 그의 마음이 헤아려진다.

단종은 10세에 왕세자가 되었다. 아버지 문종이 즉위하고 얼마 되지 않아 승하하는 바람에 12세 어린 나이에 왕위에 올랐다. 자신에게 다가오는 죽음인들 상상이나 했을까.

계유정난으로 세조에게 왕위를 물려주고 15세에 상왕이라니, 불안한 마음은 가시방석보다 더 껄끄러웠을 것이다. 성삼문 등 복위 운동이 발각, 노산군으로 강등되어 창덕궁을 출발한 지 7일 만에 청령포에 유배되는 심경을 헤아릴수록 애석한 마음이 가슴을 적신다.

둘러보는 청령포는 동, 남, 북이 물로 둘러싸였고, 서쪽으로는 육육봉이 험준한 암벽으로 솟아있어 나룻배를 이용하지 않고는 들고날 수 없는 섬이다. 아직 겁 많은 어린 왕이 외부와 단절되어 적막강산에 숨 막히어 흘린 눈물은 어디로 흘렀을까.

육육봉六六峯을 보니 청령포 뒷산으로 노산대 사이 층암절벽 위에 탑은 단종이 눈물로 쌓았다 했다. 앞날을 기약할 수 없는 근심 속에서도 한양에 두고 온 왕비 송 씨를 그리워하는 여린 마음이 아프게만 박혀온다. 여기저기 흩어져 있는 막돌을 주워 쌓아 올렸다는 돌 하나를 집어 드니 시린 아픔이 느껴지는가 싶다. 그가 남긴 유일한 유적이려니 애절한 마음이 담긴 때문이라 생각이 든다.

불행의 넝쿨은 여기서 멈추지 않았다. 금성대군을 핑계 삼아 서인으로 내려지고, 죽음을 강요당하는 순간은 상상하기조차 힘들게 한다. 열일곱에 사랑하는 왕후 얼굴 한 번 보지 못하고 억지 죽임을 당한 그 순간이 어찌 하늘인들 무심했을까? 떠나는 단종과 정순왕후가 통곡으로 헤어진 청계천 영도교는 이승에서 만나지 못하고, 한 많은 세상을 떠난 부부의 한을 삭여 흐르듯 물살만이 잠잠하리라.

청령포를 돌아보고, 귀갓길에 정읍 칠보七寶에 있는 왕후의 생가 마을을 찾았다. 고운 최치원 선생이 유유자적 시가와 어우르던 정자가 강변에 고즈넉하다. 옆으로는 바위와 소나무가 흐르는 물에 그림처럼 비치어 드는 풍경이 상춘곡을 낳았다는 마을이다. 유서 깊은 곳에 풍광이 범상하지 않으니 귀한 인물이 나올 법도 하리라.

마을에 들어서는 길 숲, 녹슨 철책에 갇혀 있듯 초라한 비석 정순왕후태생유지비문定順王后胎生維持碑文은 한 많은 삶을 살다 간 한 여인의 모습이려니 싶다. 이끼만이 둘러 입혀서인지 쓸쓸함까지 더해 내 마음마저 답답함으로 채워오는 듯하다. 댕기머리 곱게 딴 앳된 소녀가 비춰 보이는가 싶고, 풀어헤친 머리에 소복 한 여인이 겹치어오기도 한다. 비운에 간 어린 남편 단종을 기리는 마음이던가.

왕비의 쓸쓸했던 삶이 그려져 보였다. 어린 나이에 단종이 강등되면서 군부인君夫人으로 격하되었다가 관비가 되는 운명이라니 파란만장한 삶이었다. 이에 신숙주까지 기회를 노렸던 듯 종으로 삼으려 했다니, 역사의 뒤안길에는 이런 향기롭지 못한 얼굴들이 있어 씁쓸하다.

정순왕후는 성품이 공손하고 검소해 가히 종묘를 영구히 보존할 수 있는 인물이라 하여 간택되었다고 역사는 전하고 있다. 열다섯의 나이로 한 살 연하인 단종과 혼인하여 왕비에 책봉되었다. 하지만, 단종이 수양대군에게 왕위를 빼앗기고 상왕이 되자 왕대비가 되어 의덕의 존호에 올랐다. 하지만 그런 존호 따위에 마음은 더 심란했을 것이다.

불안은 이어지고, 끝내 남편이 유배지에서 생을 마감했다는 전갈을 들은 송 씨는 매일 아침저녁으로 바위에 올라 영월을 향해 통곡하며 단종의 명복을 빌었다. 동망봉에서 동쪽 하늘 영월 쪽을 향해 남편 단종을 그리던 피눈물이었다. 후일 영조가 친히 동망봉東望峰이라 바위에 새겼다지 않은가. 종로구 낙산 근처 남쪽에는 동망정東望停이라는 정자가 왕후의 마음을 대신하고 있다니 그나마 다행이라 여긴다.

단종 또한 육육봉에서 서쪽 하늘을 쳐다보며 왕후를 생각하였으니 그 마음이 한강에 띄워 흘렸을까. 떠가는 구름이라도 왕과 왕비의 마음을 실어서 전해주었으리라 믿고 싶은 마음만이 간절하다. 그리움에 갇혀 서린 한은 사는 게 삶이 아니었을 것이다. 한 세상 필부의 아내로 살다 가면 어떠하랴. 어린 나이에 왕비라는 허울에 갇혀 외롭게 살다 간 정순왕후를 생각하면 할수록 애석하기 이를 데 없다.

단종의 비, 정순왕후는 중종 때인 82세 나이로 한 많은 생애를 마치고, 생전에 그렇게도 그리던 남편 곁으로 갔다. 단종과 함께 복위되어 시호를 받고 종묘 영녕전에 신위가 모셔졌다. 장례도 대군부인의 격에 따라 치러 경기도 양주군에 안장했다. 단종과 왕비의 복위로 종묘에 배향되면서 능호를 사릉이라 했다. 이는 억울하게 살해된 남편을 사모한다는 의미에서 지은 것이라 하니 합당한 이름이 아니던가.

그러나 단종의 능은 영월에 모셔져 있고 왕후는 양주에 있으니 사연이야 어찌 되었든 안타까운 마음만은 감출 수가 없다. 그래도 평생 단종만 그리다가 사후에 혼백이라도 남편 곁으로 갔으니 못다 이룬 사랑 두고두고 누리기를 바라는 마음이다. 단종이 세상에 나와서 어머니를 떠나 유일하게 마음을 기대고 싶어 그리워했던 여자가 정순왕후定順王后이다. 필부의 높고 순결한 사랑이 왕과 왕비에게서 느껴지는 까닭은 왜일까?

기다림의 아름다움

4월 초순이다. 구불구불 고향 같은 황톳길, 어릴 때 동산을 오르던 마음으로 정읍사공원을 찾았다. 기다림의 아픔을 사랑으로 안은 정읍사여인을 올려다본다. 이곳 약수를 받으러 오는 날이면 자리를 잡고 앉아 생각에 잠기는 게 습관처럼 되었다. 긴 세월 길 떠난 낭군을 기다리는 여인 옆이다. 나는 벌써 가슴 속 봄기운으로 그를 위로해 주고 있다.

사람들은 월아 부인을 정읍사여인이라 부른다. 그리고 그녀가 서 있는 여기가 정읍사공원이 되었다. 기다림에 지친 여인의 마음이나마 잠시 쉴 수 있는 집祠堂도 이곳에 마련해 사람들의 발길이 끊이지를 않는다.

월아 낭자와 도림총각이 인연을 맺은 샘바다井海 마을은 공원을 등지고 오 리쯤 떨어져 있다. 큰샘과 왕버드나무가 천년의 세월을 고

요히 지키며 두 남녀의 아름다운 사랑이야기를 알고 있는 유일한 생존자(?)로 추앙받고 있으니 다행이라 여긴다.

이 마을에 소금행상을 하며 앞 못 보는 노모를 모신 도림이 정착하며 월아낭자와 사랑의 싹이 트게 되었다. 어찌 보면 월아에게는 평생 불행의 싹이 아니었을까? 이런 생각도 들지만, 아무튼 이 아름다운 사랑이야기는 큰 샘과 왕버드나무가 전해주었다.

월아는 지역 토호의 딸로 불우한 도림과는 전혀 어울리지 않았다. 더구나 마을에는 부와 힘을 자랑하는 청년이 있었다지 않은가? 낭자의 부모는 그 사내를 사윗감으로 마음을 굳힌 상황이었다. 도림을 사윗감으로 받아들이기에는 너무도 단호했다. 그러함에도 그를 신랑으로 택한 월아의 따뜻한 인간미를 칭송하지 않을 수 없지 않은가?

도림이 월아 낭자의 마음을 사게 된 이유는 무엇이었을까? 역시 그의 진정한 사람됨을 높게 보았기 때문이다. 월아는 타고난 착한 성품이 아니던가. 그는 부와 권력에 눈멀지 않았다. 가난하지만 노모를 극진히 모시는 도림의 효심에 감동했으리라. 그것이 사람의 도리라고 여기고도 남을 월아라는 생각이기 때문이다.

월아가 도림을 낭군 감으로 선택한 또 하나는 뿌리에 있었다고 생각한다. 풍류를 사랑하는 백제인의 정신이 아니던가? 어느 보름달이 뜨는 밤, 큰샘거리 숲정이 왕버드나무 밑이었다. 도림의 구슬픈 피리소리에 월아는 감동했다. 그의 마음 깊은 곳에 자리한 예술혼을 느낄 수 있다. 월아에게는 풍류를 즐기는 백제인의 피가 흐르고 있었기 때문이다. 백제인의 정서이기도 하다. 그런 월아이기에 애절한 마음이 담긴 백제가요, 「정읍사」를 낳았다고 생각하지 않을 수 없지 않은가?

이처럼 착하고 순수한 월아 낭자와 도림총각의 사랑은 단란한 가정에 행복으로 이어지지 않았으니 안타까울 뿐이다. 도림이 소금행상을 떠나면서 이별은 시작되었으니 두고두고 한이 맺힌 나날이 천년을 이어오고 있다. 아직도 다소곳이 서 있는 여인은 두 사람의 만남을 하늘이 정해 준 인연이라 여기고 있으리라. 천년의 세월을 한결같이 이 자리에서 기다리고 있기 때문이 아니던가.

여인의 눈길을 따라 말고개 쪽을 바라본다. 마음은 고개를 넘어오는 사람만 보여도 가슴 졸였으리라. 행상꾼이 넘어오고, 신라군과 싸우다 패해 절룩이며 걸어오는 남정네만 보아도 행여 낭군일까 뛰어가고픈 마음이 아니었을까. 이렇게 흥얼흥얼 노래를 부르며 기다리는 여인을 보면 가련한 생각을 지울 수가 없다.

> 달님이시여 높이 돋으시어
> 멀리 좀 비춰주시옵소서

그가 낭군을 기다리며 읊조렸던 백제가요는 「정읍사井邑詞」로 지금까지 전해져 오고 있으니 그 의미가 남다르다. 『악학궤범』에 실려 천년이 흐른 지금까지도 이어지고 있으니 그나마 다행한 일이다. 남편을 기다리며 부르던 노래와 함께 그 자리에 서 있는 여인을 보며 나도 읊조려 본다. 사람들은 이를 두고 기다림의 미학이라 했던가? 그래도 기다림의 아픔은 너무 애절한 현실이니 어쩌랴.

말고개 쪽에서 불어오는 북풍받이에 혹시라도 여인의 옷깃이 흐트러지지나 않을까 쌓이는 걱정이다. 그러나 안타깝게도 낭군이 넘어오리라는 말고개는 아니다. 육중한 불도저로 깎이고 낮아져 4차선 도로가 되었다. 낭군이 살아 있다 한들 그 길을 찾을 수나 있을까? 문명의 발달은 남녀의 애절한 사랑마저 끊어놓는 것 같아 마음이 아리다.

오는 봄을 재촉이라도 하듯 가랑비는 하염없이 이어지고 있다. 궂은 날씨에도 사람들이 정읍사여인을 찾는다. 젊은 남녀, 중년의 또래들도 왔다. 노모를 모시고 나온 젊은 부부가 여인을 올려다보는 모습이 유난히 생경하다. 여인도 이들 부부의 기특함에 봄바람처럼 부드러운 미소를 지어 보이는 듯하다. 잠시라도 위로가 되었으면 하는 바람만이 간절하다.

봄비도 여인의 마음을 헤아리는지 눈매에 맺힌 이슬처럼, 망울을 터트린 진달래꽃잎에도 매달려 있다. 깊은 사색에 빠진 나를 누군가 깨워 보니, 월영산月迎山 골짜기에서 꿩 한 쌍이 날갯짓하며 어디론가 잽싸게 날아가고 있다.

여인이 나를 보며 무언의 미소를 짓고 있다. 기다림은 사랑이고 아름다움이며 희망이라고 말하는 듯하다. 세월은 흘러도 진하게 다가

오는 그리움, 설레던 사랑, 보고픈 마음에 쓸쓸히 서 있는 당신에게 따뜻한 봄 향기로 위로가 되었으면 하는 마음이다. 비록 당신의 기다림이 아프고 슬퍼할지라도 후세에 사는 우리는 기다림은 더 없는 아름다움이라고….

제 3 장

큰바람은 스쳐 가고

오늘처럼 높은 봉우리에 오를 때마다 내가 서 있어야 할 곳은 도란도란 굽 낮은 사람들의 발걸음 소리를 들을 수 있는, 저 아래 낮은 자리라는 것을 절실히 느끼곤 한다.

개떡처럼 살아야지

'개떡' 추억이 묻어나는 정겨운 이름이다. 오전에 외출했던 아내가 점심때가 될 때까지 전화 한 통 없더니, 오후 술참 때가 되어서야 귀가하면서 개떡 몇 개를 들고 왔다. 집에 오는 길에 친구를 만나 개떡을 찐다는 말을 듣고 따라갔단다. 친구의 권유도 있고, 남편에게 먹이고 싶은 욕심으로 함께 만드느라 시간이 늦었다는 이야기다. 시장기가 한창 발동한 데다 아내의 정성이 담긴 개떡이라 생각하니 비할 데 없이 고마웠다.

하얀 사기 접시에 담겨 나온 동글납작한 개떡은 푸릇한 쑥색이었다. 솜씨 나는 여인들의 작품답게 날렵한 맵시로 참기름까지 두른 개떡은 윤기가 자르르했다. 개떡이라면 자다가도 벌떡 일어나는 내 입맛을 돋우고도 남았다. 개떡 하나를 집어 입에 무니, 쌉싸래한 쑥향에 쫄깃함까지 무엇 하나 나무랄 데 없는 꿀맛이었다. 이런 떡을 우리 선조들은 왜 개떡이라 했을까?

김유정의 소설 「봄봄」에 이런 이야기가 나온다. "점순이는 뭐 그리 썩 예쁜 계집애는 못 된다. 그렇다고 개떡이냐 하면 그런 것도 아니고, 꼭 내 아내가 돼야 할 만큼 그저 툽툽하게 생긴 얼굴이다."라고 했다. 점순이는 예쁘지는 않지만, 개떡보다는 낫다는 얘기다. 이를테면, 세상에 '개떡보다 못한 것은 존재하지 않는다'는 것을 점순이의 됨됨이와 비교하여 설명하고 있다.

개떡은 쌀겨나 밀기울 등 영양가가 없고 거칠어 짐승에게 먹이는 곡식 껍데기 따위로 만들었다. 말하자면 가축 사료나 다름없는 허접스런 것들을 반죽하여 대충 반대기를 지어서 쪘다 해서 개떡이었다.

이러한 개떡은 찰기가 없어 잘 엉켜서 붙지 않으니 모양을 제대로 낼 수가 없었다. 부스러지지만 않게 아무렇게나 만들기 때문에 뭉툭하고 두꺼웠다. 말하자면 청국장을 담그기 위해 만든 메주보다도 못생겼다. 이렇게 만든 개떡은 입에 넣으면 껄끄럽고 맛이 날 턱이 없었다. 그래서 사람들은 못생기고 마음에 들지 않거나, 밉다고 생각되면 개떡에 비유하였다. 못생긴 점순이도 '개떡보다는 낫다.'고 하지 않았던가?

우리 조상들은 먹을 수 없는 과일이나 행실이 못된 사람까지도 앞에 '개' 자를 붙였다. 개살구, 개복숭아 등은 먹을 수 없는 과일이고, 개만도 못한 ㅇ은 행실을 뜻한다. 동물 중에 사람과 가장 가깝게 지내는 동물이 개다. 그런데도 걸핏하면 '개'를 떠대어 비하하고, 배가

고파서 먹는 떡마저도 '개떡'이라 하대하니 아쉬운 생각이 든다.

하여튼 개떡은 배고픈 사람들에게는 한 끼의 밥이 되어 주었다. 논밭에 나가 일하는 일꾼들의 새참이 되어주기도 했다. 물 한 바가지로 허기를 달래던 사람들이 굶어 죽지 않으려고 먹는 게 개떡이었다. 그 시절 아이들에게는 요긴한 간식거리였다. 가난한 사람들을 위한 음식이 개떡이었으니 더욱 정겹게 다가오는지 모른다.

어릴 적에 어머니는 통보리를 갈아 개떡을 쪄주셨다. 부엌의 불이 사그라지면 어머니가 무거운 솥뚜껑을 여는 순간, 채반 위의 개떡은 구수한 향과 함께 갈색으로 모습을 드러냈다. 어머니가 쪄주신 보리개떡이라 해야 할지, 언제 먹어도 맛이 있었다. 떡 속에 어머니의 사랑과 손맛이 그대로 담겨있었기 때문이었을까. 배고픈 시절이니 그랬을 테지만, 내가 지금까지 개떡의 추억에서 헤어나지 못하는 이유다. 어머니를 그리워하는 마음이 나이를 먹어 가면서도 개떡을 볼 때마다 짙어만 간다. 아스라한 옛날이야기가 바로 엊그제처럼 가깝다.

속담에 "보기 좋은 떡이 먹기도 좋다."고 했다. 개떡은 생김새나 맛으로 따지면 인절미, 시루떡, 수수떡, 호박떡, 가래떡, 절편, 찰떡, 송편 등에는 비교가 되지 않는다. 이런 떡들은 좋은 재료에 기계나 틀에 맞추어 크기와 모양이 한결같고 예쁘기까지 하다. 좋은 쌀에 각양각색으로 만든 떡들은 알록달록 꽃장식까지 호화롭기가 치장한 신부 못지않다.

사람들 입맛에 맞춰 콩이나 팥, 수수를 섞기도 하고, 꿀과 설탕을 넣어 만든다. 여기에 갖가지 맛과 멋을 부린 빵까지 나와 사람들의 입맛을 사로잡으니, 개떡은 떡 축에 들지도 못하고 빵에서도 밀려야 했다

그러나, 시대의 변화에 개떡도 모양을 바꾸고, 사람들의 입맛에 따라주었다. 살림살이가 넉넉해지고 먹거리도 다양해졌으니, 개떡도 그냥 뒤져 있지만은 않았다. 요즘 개떡은 곱게 빻은 쌀가루에 봄과 함께 나온 새 쑥이나 모시 잎을 넣어 만든다. 다른 떡처럼 입맛에 맞춰 맛을 내는 데도 뒤지지 않는다.

좋은 쌀로 만드니 찰기가 넘쳐 모양도 예쁘게 만들 수 있다. 벌써 떡집 진열대마다 다른 떡들과 당당히 어깨를 겨루어 개떡도 한쪽에 자리를 차지하고 있다. 자기 나름의 독특한 색깔과 생김새로 얼굴을 내밀고 있다. 쉽게 들고 먹기 좋게 알맞은 크기와 두께는 맞춤 떡 못지않다.

이제는 '개떡'이 아닌 세련되고 예쁜 이름으로 불러주었으면 하는 생각마저 들었다. 나 혼자만이라도 '손동그랑떡'이라고 불러주어야겠다고 마음먹었다. 사람의 손으로 하나하나 동글납작하게 만들었으니 그럴싸한 이름 같아서 마음에 쏙 든다.

개떡이 시대의 변화에 적응하지 못하고, 사료보다 못한 곡식 껍데기로 대충 만들어 모래를 씹는 맛이라면, 요즘 같은 세상에 누가 찾겠는가? 개떡은, 영원히 개떡으로 찬밥 신세를 면치 못했거나 사라

졌을지도 모른다.

개떡이 시대에 맞추어 변신하듯이, 나도 부드럽고 감칠맛 나는 사람으로 바뀌어야 한다는 생각에 정신이 번쩍 든다. 내가 살아 온 연륜만을 내세워 고집만 부리면, 쌀겨처럼 반죽이 안 되는 외톨이 신세를 벗어나지 못할 게 아닌가. 말 한마디에도 은은한 향기가 나고, 맵시 있는 행동을 보이면 봄 햇살을 머금은 '손동그랑떡'처럼 동글납작하게 모나지 않은 사람일까.

셋방 남자

동네 골목 입구에서 작은 트럭에 싣고 온 이삿짐을 장정 두세 명이 옮기고 있다. 이 후덥지근한 여름 장마철에 이사하는 모습을 보니 어떤 사연이 있을 것 같아 짠한 생각이 든다. 짐이라야 장롱이며 몇 가지 가재도구, 아이들의 책과 옷가지를 싼 가방 보따리들이 전부다. 요즘 보기 드문 흑백사진 같은 이사 풍경이라 옛 시절이 아프게 다가온다. 잠시 뒤에 따라온 작은 승용차가 트럭 옆에 멈추고, 젊은 아주머니와 애들 셋이 내린다. 예전에 동료, 오 선생이 살다 비워둔 집, 녹슨 철제대문 안으로 들어가는 그들 속에 내 마음도 끼어든다. 그러나 나는 이들을 앞질러 40여 년 전으로 달려와 있다.

고래 등 같은 기와집 앞마당을 돌아 뒤란 쪽 모퉁이다. 어둑한 골방에서 셋방을 사는 남자가 고개를 내민다. 긴 세월 너머 저쪽이다. 차림새마저 김장 뒤끝에 채소밭에서 주워 온 배추 시래기처럼 후줄근하다. 잔뜩 주눅이 든 탓인지 눈빛마저 흐리다. 셋방살이는 언제나 불안하고 주인의 눈치를 보아야 했다. 내 돈 주고 방 한 칸 빌려 살려면 주인한테 면접시험처럼 철저한 통과의례를 거치는 것은 보통이었다. 첫 번째 벽을 넘기가 힘들었다. 애들이 몇 명이며 나이까지 묻고 들어온다. 심지어 성격까지도 파고든다. 이럴 때는 사실대로 말하지 못하고 적당히 얼버무려 순간을 모면하는 도리밖에 없다.

나이가 많은 노인 홀로 사는 집에 방 하나 얻어 이사할 때였다. 우리 가족은 내외와 1학년 큰딸과 다섯 살배기 둘째, 젖먹이 아들까지 다섯이었다. 거기다 임신까지 했으니 치자면 여섯 식구였다. 그래도 애가 하나라고 우기어 이사를 들었다. 이사 드는 날, 들통이 나는 것은 뻔했다. 이럴 줄 알고 둘째는 내가 안고, 셋째는 아내 등에 업혔기에 땅에 발을 붙인 사람은 셋이었다. 그러고도 별 말썽을 부리지 않을 테니 걱정을 하지 마시라며 다독이는 데 한나절이나 걸렸다. 간신히 입주 허가(?)를 받아 모퉁이를 돌아서 구석진 작은 방 하나에 겨우 짐을 풀어놓을 수 있었다. 안심인지, 한탄인지 긴 한숨이 셋방살이의 서글픔을 내뱉었으리라.

그러고도 셋집에서 배겨나려면 입 닫고, 귀 막고 눈까지 감아야 3년을 살 수 있단다. 주인은 물론이고, 또 다른 셋방 사람들의 눈 밖에 나지 않으려면 조심에 또 조심은 마음에 깔아두었다. 자존심 같은 것은 아예 빼서 하수구에 버린 지 오래다. 아침이면 문안 인사를 하고, 보는 족족 헤죽헤죽 웃어주어야 하루가 편했다. 걸레를 빨아

안 집 마루까지 닦아주면 잔뜩 구름 낀 얼굴을 덜 보게 된다는 것쯤은 한두 번 경험으로 익혀두었다. 셋집에서 쫓겨나지 않으려고 불편 같은 것은 없다고 억지 손사래를 치곤 했다. 그 시절에는 화장실이 문간채에 붙어 달랑 하나만 있었다. 그 불편하고 아슬아슬한 순간들은 내놓고 말하기조차 쑥스럽다. 나는 아무리 급해도 화장실은 학교에 가서 보았다. 전등은 하나만 켜야 하고, 그것도 너무 늦게 끄면 귀청 뚫는 소리가 천장까지 날아든다는 것쯤은 각오해야 한다.

그래도 셋방에 사는 덕에 횡재라도 얻은 것처럼 좋은 일도 있었다. 언감생심 부부싸움은 생각도 못 한다. 속이 상하고 언짢아도 서로 그러려니 하고 사는 습관은 이때부터 길들여 온 것 같다. 이런 살벌한 속에서 우리가 다투는 소리를 낸다는 것은 '이 집에서 나가겠소.' 하는 선전포고나 다름이 아니다.

셋집 문간방에는 '아내 있는 남자의 곁불 쬐는 여자'가 살았다. 곁불을 쪼여주는 남자는 늦은 밤이건 아침이건 때도 없이 드나들었다. 문간방 여자는 거칠 것이 없었다. 아이가 없으니 주인댁 외손자와 싸울 일이 없었다. 문간방을 들락날락하는 남자는 아무 때나 드나들어도 괜찮았다. 문간방은 창이 바로 담장 벽에 나 있어 노크만 하면 되었다. 방세며, 먹고 입고 땔감까지도 들락날락하는 남자가 해결해주니 문간방 여자는 항상 네 활개를 펴고 살았다.

"꼬리가 길면 밟힌다.'"고, 이웃들이 쌍심지를 켜고 문간방 여자 이야기로 쑤군대도 못 들은 척 귀 막고 살았다. 오히려 들락날락 남자가 '제 발이 저린 격'으로, 출근하는 나에 대해 '누구냐'고 묻는가 보았다. 언뜻 문간방 여자다운 우문현답愚問賢答이라 생각했지만 속은 씁쓸했다. "응, 걱정 안 해도 돼. 안채 저쪽 구석방에 사는 '셋방 남자'야." '셋방 남자?' 내 인격을 비롯하여 모든 것을 품고 있는 이름이 버젓이 있는데, 이름마저 지워져 버린 사람이 되어 있었다. 내 못난 탓에 아내마저 '셋방 여자'일 테고, 아이들까지 '셋방 애들'로 보였던 것일까.

하루의 일과를 마치면 동료들과 거나한 얼굴로 헤어지곤 한다. 이슥한 밤, 농고 앞을 지날 때면 시가지의 불빛들은 별들만큼이나 많은데, 나는 작은 빛 하나 갖지 못했다. 맥 빠진 발걸음이 향할 수밖에 없는 곳은, 나를 기다리는 가족이 있는 셋방이었다. 경찰서 옆 모퉁이에 풀빵 장사가 오늘 장사를 접고 있었다. 다가가 백 원어치만 달라고 했더니, 팔고 남은 것들을 몽땅 누런 포대 봉지에 싸주었다. 아이들이 잠에 취한 시각, 댓돌 위 가지런한 신발에 내리는 별빛이 어쩐지 낯설고 차갑게 다가왔다. 오히려 얼굴에 대고 히죽거리기까지 하는 것이었다.

그래도 하루는 누구나 똑같이 지나간다. 어둠이 세상을 가리고 밤이 깊어지면 집주인이나 '셋방 남자'네 가족도 평평한 구들방에서 잔다. 고단함과 풀죽은 삶을 벗어 내려놓고, 평화 속으로 조용히 가라앉는다. 그러면 '셋방 남자'는 왕이 되고 아내는 왕비가 된다. 덕분에 애들은 왕자와 공주가 된다. 시녀들과 어울려 깔깔대는 왕비, 왕자와 공주들도 하인, 하녀들과 걱정 없이 떠들고 뛰놀 수 있는 궁궐 속의 주인이 된다.

나이 먹으면 잠도 줄어든다는데, 새벽마다 울리는 교회의 종소리마저 나를 원망하게 할까. 종소리에 맞추어 마당 비질을 해대는 주인 할머니, 죄 없이 쫓기며 깽깽대는 강아지 울음소리에 '셋방 남자'네 가족들은 단꿈을 깨뜨리고 궁궐에서 빠져나와야 한다. 나는 이럴 때면 당당하게 문패를 달 수 있는 내 집을 생각하곤 한다. '셋방 남자'는 문패가 없으니 찾아오는 사람도 없다. 내 딱한 처지도 모르고 누군가가 찾아오더라도 당당하게 자리를 펴고 권할 곳도 없으니, 맥없이 드러난 얼굴만 화끈거릴 뿐이었다. 숙맥 같은 아내는 또 얼마나 껄끄러웠을까.

다행히 동료 몇 명과 어울려 집터를 닦아, 내 집을 마련할 수 있었다. 당시 형편으로는 조금 무리가 따랐지만, '셋방 남자'에서 벗어나 내 이름을 찾은 기쁨은 궁궐의 주인이라도 된 듯했다. 무엇보다 나와 아내 이름을 새긴 문패를 다는 데 정성을 기울였다. 지금도 문밖을 들고날 때마다 대리석 문패에서 한참이나 눈이 머무르곤 한다.

우정도 삶의 한 자락

오늘처럼 부슬부슬 비가 내리는 날이면 동구 밖 느티나무에 '맴 맴' 철 지난 매미처럼 나를 외롭게 남겨 두고 떠난 친구가 그리워진다. 울컥한 마음을 달래려 우산을 받쳐 들고 카롤 테오도어 다리를 건너듯 느릿느릿 산책에 나서본다. 내 마음 모퉁이를 돌아 한적한 곳에 이르면 추억 너머에 머물던 친구가 해맑은 웃음으로 다가오리.

오늘은 미륵사길을 돌아오려다가 마음이 바뀌어 마트 쪽으로 발길을 돌렸다. 속도 모르는 마음속 누군가가 '또 변덕이구먼?' 하고 샐쭉하는 듯하다. 마트에 가는 길에는 지난겨울 '설은 새 집에서 쇠어야 한다.'며 서둘러 이사 간 친구네 아파트가 있다.

내친김에 그와 자주 다니던 마트에 들러서 햇감자를 조금만 사야겠다. 친구는 가끔 이 마트에서 고구마를 몇 개씩 사다가 군고구마로 먹곤 하였다. 친구나 나나 작은 솥에 쪄먹든 군불에 구워 먹든 재미는 낭만까지 불러들이지 않겠는가. 친구는 내가 마트에 간다는 것을 미리 알려주면 때에 맞추어 정문에서 기다리다 길벗이 되어주었다. 아내들을 도와 장보기를 마치면 밥집으로 향했다. 밥상을 가운데 두고 웃음을 양념 삼아 이런저런 이야기들로 우정을 버무리는 데에 익숙하였다. 습관이 굳어서인지 오늘도 친구가 살던 아파트 정문 앞에서 걸음이 멈추어 섰다. D동 6층까지 사다리를 타고 오르듯 1층부터 세어 오르기를 몇 번이나 되풀이했을까. 친구를 떠올리니 웃음과 아픔과 기억들이 우리를 묶었다 풀었다 한다. 둘을 하나가 되게 했던 그때의 추억들이 앎을 분간할 수 없게 만들었기 때문일 것이다.

아파트 앞에서 서성이는 내 옆으로 여 나무 살쯤 되어 보이는 아이들 세 넷이 장난을 하는 게 위태위태하면서도 싱그러웠다. 호기심에 쏠려 넋을 놓고 바라보는데, 한 아이의 엄마라 여겨지는 젊은 아주머니가 내 옆구리를 툭 치듯 힐끗 보고 지나친다. 놀라서 아주머니의 얼굴을 보니 좁은 미간에 세로로 난 잔주름이 세 개나 잡혀서 흐른다. '친구는 아무 때나 곁에 머무는 게 아니라'고 일깨워주는 게 아닌가.

고개를 돌려 아이들을 거울 삼아 나를 비춰보았다. 지나간 내 소년의 날들도 저토록 푸르고 싱싱했을 텐데 지금은 너무 멀리 와 있다. 이 나이에 곰삭은 친구를 언제까지나 곁에 두고 지내기를 바라는 것은 욕심이라고 깨닫는 순간이 더 아팠다.

유년의 오랜 친구처럼 끈끈하게 지내던 친구들이 몇 년 새에 하나 둘 타지로 이사를 했다. 이따금 안부가 궁금했지만 미루고 또 미루다 보니, 거리는 자꾸 멀어지고 옛 추억들도 희미해지는 것 같다. 얼마 전에 그 친구가 글 쓰는 모임에 참석했다. 반가웠지만 가늘어진 끈이 언제 끊어질지 몰라 조바심이 먼저 틈새를 비집고 들었다.

설 무렵에 이사한 친구보다 한참이나 오래전에 고향을 찾아 떠난 친구네 아파트는 우리 동네를 지나서 간다. 지금도 밤늦은 귀갓길에는 그가 살던 아파트 쪽으로 눈이 가곤 한다. 누군가 들어와 살고 있기에 창틈으로 새어 나온 불빛이 마냥 낯설지만은 않다. 금방이라도 친구가 창문을 열고 부를 것만 같은 착각에 빠질 때도 있다. 힘 빠진 발걸음으로 돌아설 때는 밤하늘에 수없이 깔린 별들을 헤아려야 한다.

그 친구가 이사 가던 날에도 부슬비가 내렸었다. 닭똥 같은 눈물이 빗물에 섞이어 발등에 '뚝 뚝' 떨어지는 것을 보는 내 마음도 저렸었다. 떠나는 아쉬움이 얼마나 컸던지 빗속을 헤치듯 손을 마구 흔들어대던 친구의 모습은 지금도 생생하다. 친구를 영 못 볼 것 같다는 부질없는 생각이 들면 꾹꾹 눌러놓은 그리움은 더 짙게 솟구친다.

얼마 전에는 아들딸과 한 타령으로 살아야 한다며 서울 근교로 이사한 친구가 부부 두 쌍으로 찾아왔다. 그 친구가 이사한다는 소식은 내 삶의 한쪽 기둥이 무너지는 만큼이나 큰 충격이었었다. 교직에 첫발을 들인 날부터 살붙이처럼 지내 온 친구였다. 녹색의 잔디에서 창공으로 공을 날리며 짜릿함을 맛보려고 자기 체구보다 큰 가방을 메고 왔다. 하지만 가지색 커플 셔츠가 어딘지 아귀에 맞지 않은 느낌만은 지울 수가 없었다. 그나 나나 가슴에 아쉬움은 항상 도사리고 있는 성싶었다.

우리는 긴 세월 만남 속에서도 어쭙잖은 충고나 간섭이라는 것을 모르고 살지 않았는가. 서로 생각이 좀 다르더라도 받아들일 수 있는 품은 가량없이 넓었었다. 어쩌다가 몸이 시리고 허기가 지더라도 서로 보듬어주고 채워줄 만큼 마음이 깊고 두터웠다. 다독여주고 어쩌다 맺힌 한숨은 삭혀주며 살아온 사이였다. 이런 꾸밈없는 삶이 마음의 끈들을 하나로 이어지는 끈끈한 우리로 되게 했었다.

어느 날 훌쩍 떠나버린 친구들에 대한 그리움이 우러나오는 밤이면, 가슴을 식히려고 대문 밖으로 나서곤 한다. 밤 나들이니까 대충 뒷길을 돌아오거나 전에 근무했던 학교 운동장 한구석에 앉아 추억을 더듬는 게 고작이다. 아이들이 타는 그네에 앉아 초롱초롱한 별을 세는 밤이면 친구와 파헤쳤던 흔적들이 발아래에 밟힌다.

마음의 고개를 들어 지나온 시간을 채 썰 듯이 쪼개어 간추려 본다. 고만고만한 친구들이 나름 나름으로 이사를 갔다. 아무렇지도 않은 듯이 수많은 이삿짐 속에 묻혀서 곁을 떠났고 앞으로도 이어질 것이다.

남아 있는 나는 처지가 비슷한 친구들과 어우렁더우렁 어울리며 떠난 친구들이 비운 골을 메우며 지낸다. 어찌 생각하면 한곳에서 붙박이로 살아온 내 삶이 측은하게 느껴지기도 한다. 이웃들처럼 떠나지 못한 자신에 실망이라고나 할까? 용기 없는 나를 바라보는 마음이 미움으로 번지지나 않을까 때로는 두렵기도 하다.

이제는 떠난 친구들이 그리울지라도 '시간이 약'이라는 그렇고 그런 이야기는 내 가슴에 먹혀들지 않을 성싶다. 산허리에 걸쳐있는 안개도 어느 순간에 가뭇없이 사라지듯이, 우정도 삶의 한 자락이라 여기며 그냥 접고 살아야 할까?

큰바람은 스쳐 가고

근원을 알 수 없는 태풍이 네댓 개나 지나고 어렵사리 찾은 산행길이 초입부터 어수선하다. 큰 숲이 되어 사람들을 품 안에 안으리라 기대가 컸던 편백나무들이 무참하게 넘어져 꼼짝을 못하고 누워 있다. 곳곳에 뿌리가 뽑힌 거목들이 알몸을 드러내고 누워있는 모습은 마치 전장에서 쓰러진 병사들 같다. 차마 그냥 지나치기가 민망할 정도다. 수십 년을 살아온 거목들이 좀 큰바람이 불었기로 이처럼 맥없이 쓰러지다니….

누워있는 나무들 가까이 다가가 밑동을 보니 하늘을 찌를 것 같던 몸피에 비해 뿌리는 너무 짧고 허약하기만 하다. 분수에 맞지 않게 욕심 하나만 짊어지고 하늘만 바라보며 사는 사람이 이럴까. 일행과 함께 산행길에 나서면서도 높이만 좇다가 알몸을 드러낸 거목들에게서 느끼는 연민을 지울 수가 없다.

옆으로는 고만고만한 잡목들이 흐르듯 불어오는 골바람 따라 한들거리고 있다. 키 낮은 소나무도 바위틈에 뿌리를 박고 멀쩡하게 고개를 내밀어 알은체를 한다. 사태 진 황토를 뿌리로 움켜잡고 스스로를 지킨 아픈 흔적이 훈장이지 싶다. 큰바람에도 끄떡없이 살아남은 키 낮은 나무들을 보며 그들만의 행복이 새삼스럽게 소중해 보인다. 비로소 나를 스쳐 간 크고 작은 바람들을 떠올려보게 된다.

어쩌다가 우람하게 높은 나무를 볼 때면 어렸을 적 동네 앞 팽나무가 생각 속으로 들어오곤 한다. 모정 옆에서 100년도 넘게 서 있는 팽나무는 아이들의 유일한 놀이터였다. 변변한 놀이 시설이 없던 시절이니 나무를 타고 노는 게 짜릿하면서도 즐거울 수밖에 없었다.

나는 높은 곳에 오르는 게 무척이나 무서웠지만, 또래들한테 기죽지 않으려고 축에 끼어 흉내라도 내보여야 했다. 손바닥에 '퉤 퉤' 침을 바르고 팽나무 앞에서 심호흡으로 숨을 몰아쉬며 양손에 힘까지 불끈 쥔다. 뒤에서 옆에서 지켜보는 뭇 시선들을 의식하며 오르기를 시도해 보지만 몇 발짝 오르다가 아래를 내려다본다. 어찌할 수 없는 무섬증이 나를 끌어내리고 만다. 모정에 앉아서 내 꼬락서니를 지켜보는 어른들의 시선이 등을 후줄근하게 했다. 함께 지켜보시는 부모님은 손에 땀을 쥐고 얼마나 안타까우셨을까.

하지만 나를 더 주눅이 들게 하는 것은 아래뜸에 사는 동갑내기 홍만이었다. 나보라는 듯이 가뿐하게 올라 재주를 부리곤 했다. 마치 원숭이가 나무를 타듯이, 서커스곡예사나 되는 듯이 이 가지 저 가지를 옮겨 다니며 팽 열매를 한 주먹이나 따서 던지기도 하는 짓궂은 아이였다. 그런 홍만이 앞에 나는 처절한 패배자가 되어야만 했다. 차마 밖으로 드러내지는 못하고 속울음을 하며 집으로 향할 때가 많았다. 이럴 때마다 부모님께서는 '높은 나무'는 오르지 못해도 '높은 사람'은 될 수 있다고 다독여주곤 하셨다.

살아오는 굽이마다 부모님께서 하시던 말씀이 되짚어 들릴 때가 있다. 부모님께서 바라시던 '높은 사람'은 '용龍'이 아니었을까. 아마도 개천에서 용이 나던 시절이니 나한테도 우러를 만한 사람이 되라는 기대로 손에 책가방을 들려주셨나 싶었다.

하지만 살아간다는 것이 높은 곳에 오르고 싶어도 어쩔 수 없이 내려와야 하는 계단처럼 마주할 때가 많았다. 부딪혀오는 일들 앞에서 분수에 맞지 않게 높은 자리에 오르다가는 낭패를 보는 일이 기다리고 있을지도 모른다는 걱정이 앞을 가로막곤 했다. 이 핑계 저 핑계로 몸을 사리는 나를 '겁보따리'라며 실눈으로 흘겨보는 사람들이 있었지만 그러려니 넘기고 살아왔다.

지금도 분수에 넘치는 일이라 여겨지면 낭떠러지에서 굴러떨어지듯이 세상에서 밀려나 버리지는 않을까 손사래를 치곤 한다. 빌딩에 살고 비행기를 타고, 빨리 가야 많이 볼 수 있다고 서두르지도 않는다. 짓궂은 물웅덩이가 앞길을 가로막을 때도 있다. 예기치 않은 걸림돌 앞에 걸음을 멈추고 옆으로 돌아갈까? 아니면 뛰어넘을까? 망설인다. 그러나 이제는 건너뛰는 용기보다 돌아가는 여유를 즐기는 데에 더 익숙하다.

무엇 하나 본때 나게 보여주지 못하고 어정뜨게만 살아왔다. '용'은 커녕 '이무기'도 못 되었으니 부모님께 드릴 말씀이 없다. 그래도 손에 들려주신 책가방을 놓아버리지 않았기에 앞가림이라도 할 수 있으니 용서해주실까. 지금까지 내 삶의 행간마다 수십수 백 번도 넘는 회오리바람이 훑고 지나갔지만, 낮은 곳에서 휩쓸리지 않고 살아왔기에 기특하다고 하실까.

오늘처럼 높은 봉우리에 오를 때마다 내가 서 있어야 할 곳은, 도란도란 굽 낮은 사람들의 발걸음 소리를 들을 수 있는, 저 아래 낮은 자리라는 것을 절실히 느끼곤 한다.

가지치기를 하다가

동네 골목을 휩쓸고 들어온 늦가을 바람끝이 싸하다. 사나운 바람결에 줄지어 서 있는 마당 가 벌거숭이 나무들이 사시나무 떨듯 한다. 하기야 내가 가위를 들고 나오니 해마다 가위질을 당하던 나무들인지라 지레 겁을 먹고 호들갑을 떨 만도 하리라.

매년 이맘때면 울안에 있는 나무들의 가지를 잘라준다. 언제나 그렇듯 마당 가에 나무들은 한 해가 지날 무렵이면 볼썽이 사납다. 제멋대로 자라 줄지어 서 있는 나뭇가지를 쳐주는 게 내 연례행사처럼 가위를 쥔다.

겨울이 더 깊어지기 전에 가지를 잘라 주어야 마음이 놓인다. 이리저리 살피고 돌아보며 마음에 찰 때까지 싹둑싹둑 가지를 잘라준다. 너무 칙칙한 가지는 솎아내고, 하늘 높은 줄 모르는 것은 가차 없이 잘라버린다. 사과나무에서부터 시작하여 모과나무, 석류, 철쭉까지 사정 두지 않고 가지를 친다. 눈에 설어 마뜩잖으면 때를 두지 않고 습관적으로 가위를 잡는다.

나의 가위질이 익숙할수록 신기하게도 나무들의 모양새는 맘먹은 대로 잡힌다. 한참 가위질을 하다 보면 너저분한 나무 형태는 모두 사라지고 내가 바라는 모양으로 나를 따라온다. 요리조리 살피고 재보며 한나절 품을 들여서 가지를 치고 나니 보기가 한결 낫다. 개운한 기분에 성취의 기쁨이 온 가슴에 차고 넘친다. 내가 마음먹은 대로, 내가 바라는 대로 가지치기를 하면 그 기쁨은 오롯이 승자勝者의 기분이 된다.

울안에 나무들은 말쑥하게 이발하여 내 손을 댄 흔적으로 남아 있다. 나와 다름을 짓밟듯이 성큼성큼 나아간 내 가위질은 대견스럽기까지 하다. 가위질의 자국은 맘먹은 대로 뚜렷하다. 가지 사이가 알맞게 벌어져 있기도 하고, 이런저런 푸성귀에 미움 사지 않으려고 비껴서 있거나 아예 사라진 흔적을 공이로 남기기도 했다. 가지와 가지 사이로 햇볕이 들고 바람도 지나갈 만큼 넉넉하게 벌어졌다. 누구의 눈치도 보지 않고 자신 있게 가지를 쳐 나갔음을 보여준다. 자세히 보면 좌우 살피지 않고, 혼자만의 성취에 취해 오만하고 도도하게 살아온 흔적이기도 하다.

잠시 휴식할 겸 마루에 앉아서 바라본다. 모난 가지 하나 없이 미끈하게 서 있는 나무들이다. 언뜻 보니 두 그루의 사과나무가 형제처럼 오순도순 자라는 아래에 방금 잘린 나뭇가지가 풀이 죽은 채로 누워있다. 질서나 순서도 없이 팔다리가 잘린 채 꼼짝을 못하고 가로세로로 얼기설기 뒤척이는 가지도 있다. 사납게 굴던 바람도 잠잠해지고, 가지치기를 당한 사과나무 아래는 침묵이 흐른다.

줄기는 줄기대로 그저 우두커니 아래만 내려다보고 있다. 가족을 잃은 아픔이 저러할까. 맨 먼저 잘려 나간 기다란 가지는 중심에 있던 왕 가지다. 그 옆에 잘록 뭉툭한 가지는 올해 가장 많은 열매를 맺었는데 내년에는 기약이 없다. 조금 겹쳐있다고 잘려 나간 가지는 내년에 더 많은 꽃을 피워 벌 나비를 불러 모아 큰 잔치를 벌일 꿈에 부풀어 있을지도 모른다.

가지들 사이로 속살을 들여다보니 하얗게 공이로 남은 가위질의 흔적이 선명하다. 공이에서 나오는 하얀 진액은 나무의 표피를 파고 들어 흐르는 피눈물이다. 그것은 나무의 생채기가 아니라 억울하게 잘려 나간 가지들의 항변이고 절규이다. 혼신으로 일군 공적을 단번에 잘라버린 나의 오만에 대한 원망의 몸부림이다. 다른 이들의 꿈은 뭉개버리고, 자신의 잣대에 맞추어 밀쳐 낸 나에 대한 무언의 항변이다. 가위질의 날카로운 상처가 매서운 눈살로 나를 쏘아본다. 내 것만이 옳다고 우겨 온 외골수에 정조준하여 공격해 온다.

언제까지나 얼쩡거리고 있을 일이 아니다. 가위질을 잠시 멈추고 대문 밖으로 나가본다. 바람이 낙엽을 휩쓸고 간 골목에는 잘려서 나온 나뭇가지들이 제멋대로 널부러져 있다. 굵고 긴 가지도 있고, 아주 가늘고 짧은 가지도 누워 있다. 휘어진 가지도 있고 회초리처럼 곧고 간들간들한 가지도 있다. 분명 굵고 긴 가지는 열매를 많이 맺었을 것이고, 가늘고 짧은 것은 내 맘에 차지 않은 결실이었을 게다. 다닥다닥 마디가 많고 울퉁불퉁한 가지는 볼썽사납다고 미움을 샀을 테고, 소 멍에처럼 휘어서 뻗어 나온 가지는 건들거린다고 잘렸을 것이다.

담장 안팎으로 누워 있는 가지들이 금방이라도 벌떡 일어나 삿대질이라도 할 기세로, 눈 부라리고 쏘아본다. 핏발이 선 눈에 원망과 아픔과 절망의 빛이 서려 있기도 하다. 살아오면서 저지른 내 허물들이 손에 쥘 듯이 보인다. 섣부른 가위질에 잘려 나간 영혼들의 눈초리다. 생장의 기쁨도 생식의 환희도 결실의 성취감도 가위질에 빼앗긴 절망이 원망의 눈빛으로 노려본다. 실망하고 상처를 입은 사람들의 그렁그렁한 눈두덩이 애처롭게 다가온다.

가위질의 공이가 그들의 저항을 암시하고 있다. 가위질은 다른 이의 욕구를 송두리째 꺾고 나만의 것으로 덮어 버렸다. 어쩌면 나는 그동안 이 짓을 내 능력이라 여겼는지 모른다. 다른 사람의 성취보다 내 생각이 다 옳다고 여기며 살아왔다. 그런 자신이 자랑스러워 고개를 빳빳이 세우기도 하였고, 떨어져 나간 사람들을 내리깔아 보며 두 팔을 벌려 우쭐대기도 하였다.

가슴에서 피어오르던 희열이 갑자기 송두리째 사라지며 회오리바람이 마당을 휘돈다. 가위질의 궤적은 조금씩 사라지는데, 잘려 나간 흔적은 공이로 꿈틀대며 남아 있다. 얼마나 잘났다고 남의 팔다리 다 자르고 내 공적만 앞세웠을까. 지금껏 내 마음대로 가위질을 했으니 참으로 철없는 짓이었다.

더는 무모한 짓을 할 수가 없어 마음의 손에 움켜쥐고 있던 가위를 슬며시 내려놓는다. 담장 바깥을 빤히 내다보는 가지는 욱여서 안으로 들여놓으며 쓰다듬어 본다. 생뚱맞은 짓거리를 하다 보니 어딘지 어색하다. 한 발 한 발 숨죽이듯 내 가위질을 지워나가다 보니, 잘려 나가려던 가지들은 다가오고, 잘렸던 것들은 되살아난다. 그래도 저들의 억울해하던 원성은 한동안 내 가슴에서 사그라질 것 같지 않다.

울컥한 가슴을 식히려 마루에 앉는다. 추위가 더 깊어지기 전에, 내일이라도 천사복지원에 가봐야겠다. 복지원 뒤뜰 나무 그루터기에 앉아 멍하니 하늘만 바라보던, 정관수술이 뭔지도 모르는 정신장애 부부가 참 많이 궁금해진다.

진달래꽃, 그리움을 부르다

4월 초순이다. 진달래꽃이 뱀사골골짜기를 분홍빛으로 물들이고 있다. 기대하지도 않은 진달래꽃의 환대를 받고 보니, 예사롭지 않은 인연으로 가까워진다. 비좁은 가슴을 비비고 들어 온 진달래꽃은 먼 옛날 동심까지 불러들인다. 어둑한 산골짜기를 화사하게 수놓고, 가슴에 옹송그렸던 서○자 선생님을 모시고 오지 않는가.

봄의 진달래꽃을 보면 초등학교 2학년 때 담임 선생님이 그리워지곤 한다. 학교 옆 큰길 건너 논둑을 따라가다 보면 올챙이방죽 위로 작은 산이 있다. 내변산에서 벋어 내려오다 걸음을 멈추며 갑자기 만들어진 언덕처럼 나지막한 산이다. 봄이면 온 산을 분홍빛으로 물을 들인 듯 진달래밭이었다. 우리는 하교할 때면 꽃을 꺾으러 산에 오르곤 했다.

선생님도 우리 마음인 양 고사리손을 잡고 진달래꽃을 찾아 산에 오르셨다. 꽃이 지고 봄이 갈 때까지 우리는 선생님과 함께 산에 오르고 또 올랐다. 「고향의 봄」이며 「봄맞이」 등 노래를 목이 쉬도록 부르며 산에 오르곤 했다.

하지만, 계절이 바뀌듯이 모든 일이 항상 제자리에 멈추어 있는 것은 아니었다. 봄이 짙어가던 어느 날부터 선생님의 표정이 조금씩 어둡게 느껴져 우리를 불안하게 했다. 우리하고는 아무런 상관이 없는 듯이, 선생님은 먼 하늘을 바라보시며 긴 한숨을 내쉬는 것이었다. 그런 선생님께서 진달래꽃이 지듯이 저 산으로 빨려들어갈 듯 위태롭다는 느낌이 어린 마음에도 들었다.

어느 날 누구의 입에서인지는 몰라도 소문이 돌기 시작했다. 4월이 되면 선생님께서 떠나신다는 이야기가 우리를 놀라게 했다. 우리 때문에 힘들어서 슬그머니 떠나버리시는지 모른다며 불안한 생각이 어린 가슴을 매이게 했다. 점점 멀어져가는 선생님을 어떻게 든 붙잡고 매달리기라도 해야 하는데, 안타까움은 마음뿐이었다. 그리고, 그 봄이 가기도 전, 4월 어느 날 선생님은 소문만 남겨 두고 우리 곁을 떠나시고 말았다. 마치 진달래꽃이 봄바람을 타고 어디론가 훨훨 날아가 버리신 것이라 여겼다.

그날 오후에 아이들은 모두 집에 가고 혼자 남았다. 선생님이 교문을 나서는 것을 보려고 진달래꽃을 한 아름이나 안고 미루나무 위에서 기다렸다. 그러나 선생님은 끝내 모습을 보이지 않고 떠나셨다. 해는 벌써 내변산 너머로 기울고 있었다. 나는 허탈한 마음으로 가슴에 안은 진달래꽃을 땅에 내던지고 터벅터벅 집으로 오고 있었다. 내 눈에서 흘러내리는 닭똥 같은 눈물이 검정 고무신 위에 뚝뚝 떨어지는 것도 몰랐다.

이런 깊은 뱀사골골짜기에 이 많은 진달래꽃이 피어 있는 것을 보니, 분홍빛 웃음으로 내 마음에 맞추어 주시던 서○자 선생님께서 그리움 너머로 오시는 것 같다. 진달래꽃은 분홍빛 단색의 소박한 꽃이다. 장미처럼 강렬하지도, 목련처럼 화려하지도 않다. 수줍음도 많이 타 바위틈에 숨어 필 만큼 시골 처녀를 닮았다. 어떤 시인은 분홍치마에 노랑저고리를 좋아하는 우리 겨레의 꽃이라고 했다.

개나리와 함께 우리나라 어디서나 허물을 벗고 맞이할 수 있는 꽃이다. 순수한 분홍빛은 차분한 숨결이다. 내 가슴 속에 숨어서 속삭여주니 달콤한 향까지 느끼게 한다. 봄이면 꽃술에 담긴 달콤함에 끌려 어머니 젖꼭지를 빨듯 매달리기도 했다. 고고한 척 높은 곳이 아니어도, 화려한 궁궐 같은 기와집들이 즐비한 정원이 아니어도 진달래꽃은 허물이 없다. 높고 낮은 곳이나, 깊고 얕은 골짜기도 가리지 않고 찾아와 분홍빛 웃음으로 알은체를 한다. 나물 뜯으러 간 어머니의 손에 꺾여 오기도 하고, 봄소풍 길에 일학년 꼬마의 손에도 쥐어 온다. 화사한 진달래꽃을 닮으신 서○자 선생님은 분홍빛 웃음으로 침침한 내 마음을 밝혀주셨다.

어찌 이름있는 꽃들만 아름다울까. 새하얀 옥양목 저고리에 벨벳치마를 받쳐 입은 선생님은 진달래꽃만큼이나 수수했었다. 앞 동사

4학년 담임이셨던 이○일 남자 선생님과 연분홍 사연思戀이 담긴 쪽지 심부름을 한 기억도 어제 일처럼 가깝다. 선생님은 연분홍 봄바람을 노래하던 올챙이방죽 옆 진달래꽃동산을 기억하고 계실까?

진달래꽃은 높고 낮은 사람을 구분하지 않고 우리를 사랑하셨던 서○자 선생님이 아니었을까. 우리와 마음의 색깔을 함께하시었기에 내 마음 동산에 피워계시는 것이다. 지금도 서녘 하늘이 발그레한 노을을 보면, 분홍빛 웃음을 머금은 선생님께서 다가오시곤 한다.

첫눈이 내리는 날에는

첫눈이 내리는 날이면 추위도 따라서 온다. 어렸을 적에는 천방지축으로 눈 속을 뛰어다녔지만, 어른이 되어서는 겨울나기에 대비하는데 할 일이 많았다. 겨우내 먹을 식량을 비축해야 하고, 연탄을 수백 장이나 들여와 창고에 쌓느라 온 가족이 온종일 북새통을 이루었다. 아내는 동네 아주머니들과 이집 저집 품앗이로 김장을 하느라 한동안은 눈코 뜰 새가 없었다.

그때는 아이들이 여럿이어서 두툼한 옷을 장만하는데 힘들었다. 양말과 신발까지도 추위에 얼지 않게 새것으로 사서 신겨야 했다. 이불은 홑청을 뜯고 솜을 꺼내어 솜 집에 가지고 갔다. 찢기고 뭉쳐진 솜을 가지런히 펴서 다시 홑청에 깔면 고실고실한 이불 속에서 따뜻하게 겨울을 날 수가 있었다.

말이 겨울나기지, 넉넉하지 못한 살림에 아들딸이 여럿인 집에서는 참 힘든 세월이었다. 천정이 꺼질 것처럼, 긴 한숨은 쌓인 세월만큼이나 무거웠던 시절이었다. 그러나 사람이 사는 맛은 그때가 더 진득해서 정은 두텁게 느끼며 살았다.

이제는 첫눈이 내리면 추억 속 옛 시절을 찾고, 고향 친구가 그리워진다. 하얀 쌀가루처럼 차곡차곡 쌓이는 싸락눈은 마음의 허기까지 달래준다. 낮게 드리운 눈구름은 솜이불처럼 두툼한 온기까지 느끼어 가슴을 덥히어 준다.

눈이 내리면 나직한 바람 소리에 귀를 기울인다. 눈은 저희끼리 부딪고 나분대며 깔깔거린다. 그리고 땅에 살포시 내려앉는다. 눈가루와 눈을 맞추어 끌리듯 마루로 나가본다. 키 낮은 의자까지 뜰이 보이는 곳으로 따라나선다. 의자가 내 속마음을 아는지 어깨를 내민다.

나는 한쪽 팔을 의자에 얹어 턱을 괴고서 지그시 눈을 감는다. 마음은 싸락눈 사이를 휘돌아다닌다. 다시 돌아와 가만히 들여다보고 있노라면 소리 없이 녹아 없어지기도 한다. 그러면 가슴에 응어리져 있던 껄끄러운 멍울들은 눈 녹듯이 사라진다.

눈이 내리면 하얀 쌀튀밥 같은 싸락눈이 창가에 소복하게 쌓여 방안을 들여다본다. 싸락눈이 사각사각 속삭이면 나도 마음의 눈과 귀를 뽀얗게 열어 이왕이면 가까이하려 할 것이다. 이럴 때는 아픔이나 외로움, 심지어는 슬픔 같은 것도 내 곁에 늦장 부리고 있을 수가 없다.

눈이 내리는 날이면 창가에 쌓인 싸락눈처럼 내 곁에 다가와 다정하게 속삭이듯 가까이해준 사람을 떠올려본다. 우리만이 알면 아무런 상관없는 속 깊은 이야기를 들려준 사람이 없었나 보다. 그러기에 가슴을 졸이고 온몸으로 받아들이고 싶다.

눈이 내리는 날이면 오래전에 담배 한 개비를 얻어 피웠던 그 친구가 떠오른다. 바바리코트를 입은 채로, 그 친구와 하얀 눈을 머리에 뒤집어쓰고 학교 앞 네거리 오 마담이 반기던 샘다방에 가 있다. 가쁜 숨결에 흐늘거리는 연기처럼 김이 모락모락 피어오르는 찬 한잔을 앞에 놓고, 마주 앉아 마시면 좋을 것이라는 생각이 들어오기도 한다.

눈이 내리는 날이면, 두툼한 점퍼로 체온을 감싸고 텔레비전에 푹 빠져 있는 아내야 상관할 바가 아니다. 슬며시 동네 골목을 빠져나와 큰길로 들어서면, 세상은 온통 눈꽃들이 진을 치고 나를 환영할 것이다. 여름날 푸르렀던 옷을 벗어 던진 나목裸木들은 화사한 꽃봉오리를 이고 내 등에 몇 송이라도 내려 줄지 모를 일이다. 차가움에 볕까지 희미해져 윤기 없는 눈꽃일지라도 솜털이라고 우기면 어찌할까? 그렇더라도 나는 어찌할 도리 없이 받아 주어도 상관없다. 길 양편에 늘어서서 히히호호 웃어주기라도 하면 나는 그마저도 좋아할 것이다.

이럴 때는 아내를 불러내 엘이디LED 조명등처럼 신비한 꽃 터널

속을 거닐며, 「젊은 날의 초상」을 부르며 분위기에 빠져들고 싶어지리라는 생각이 들었다. 그때처럼 눈꽃들 속에서 여유를 즐길 수 있다면, 기억도 없이 슬금슬금 잊혀 갔던 삶에 대한 활력을 되찾는데 얼마나 신나는 일인가.

내게 좀 더 배려할 줄 아는 마음이 남아 있다면, 눈꽃 터널 끝자락에서 아내의 손을 끌어 영화관에 가는 것은 누가 봐도 부러울 것이다. 아내의 어깨에 내려앉은 눈을 털어주고, 둘이서 앞서 온 사람들이 만든 긴 줄을 따라 선다. 긴 줄에서 나를 아는 누군가 보고 고개를 깊숙이 숙이어 인사라도 한다면 나는 더욱 기가 차 오를 것이다.

우리 차례가 오면 당당히 지갑을 열어 표를 사서 지정해 준 좌석에 가서 앉는다. 아, 객석 이웃에 앉은 젊은 연인들을 흉내라도 내어 수북한 팝콘을 사야지. 두 손에 팝콘을 감싸들고 입장하는 내 모습은 상상만 해도 멋지지 않은가. 젊은 혈기마저 식어버린 우리에게, 새로운 것에 대한 호기심과 약간의 생동감이 멋에서 되살려지리라는 생각으로 어깨마저 우쭐해질 것이다.

첫눈이 내리면, 내 마음은 지나간 세월과 지금을 왔다 갔다, 제 맘대로 들락거리며 나를 웃겼다가 또 울리기도 한다. 그래도 지나간 세월이 춥고 어두웠을지라도, 추억이고 낭만이 어린 삶이었다면 이 또한 행복이려니 여기고 싶다. 이 나이쯤 되면 어차피 추억을 먹고 사는데.

'꼬락서니'가 아니어서

간밤에 비바람은 지나가고 따사로운 햇살이 부시다. 느닷없는 돌풍이 찾아들어 한바탕 소란을 피우더니 밤새 구름까지 쓸어 간 모양이다. 동네 골목을 빠져나와 버스를 타러 가는 길이다. 길바닥에 가로수 몇 그루가 쓰러져 있다. 이 큰 나무가 맥없이 넘어지다니, 실망은 가슴에 머문다.

예기치 않은 큰바람이 불어닥친 뒤끝이려니 넘기고 내장산으로 가는 발길을 재촉했다. 서래봉 아래로 산책로를 따라 조림한 편백나무 숲을 지나게 되었다. 여기서도 볼품 사나운 모습을 발견하고 아연실색하지 않을 수 없다. 놀랍게도 우람한 편백나무들이 쓰러져 뒤엉켜 있다. 하지만 길가에 풀포기나 키 낮은 나무는 가지 하나 상하지 않고 멀쩡했다. 지난가을에 뽑고 남은 배추포기까지도 꼿꼿이 제자리를 지키고 있다.

피할 수 없이 맞닥뜨려야 하는 비바람은 우리를 움츠러들게 한다. 그러나 허약하게 뽑히고 넘어지는 것들은 분수에 넘치게 웃자란 나무들이다. 이런 생각에 이르니, 어릴 적에 부모님께서 귀가 닳도록 하시던 말씀이 불쑥 고개를 내민다.

'공부 잘해서 높은 사람이 되어야 한다.'고 당부하시던 아버지. 하지만 '높은 사람'도 '큰 사람'은 커녕 낮은 곳에만 머물러 살아왔다. 부모님께 실망만 안겨드린 것 같아 항상 송구스러운 마음만 안고 산다.

우리들의 부모님께서는 봉건사회와 일제 강점기를 거치며 권력자에게 핍박만 받고 살아오셨다. 지위가 높고 권력을 가진 자리에 올라야 '높은 사람'이었다. 그래야 당신처럼 억눌리고 억울한 삶을 물려받지 않을 것이라 여기며 신앙처럼 안고 살아오셨을 것이다.

나는 20대 초반에 교직에 들어갔다. 정년을 맞이할 때까지 40여 년을 코흘리개 아이들과 지냈다. 선생에게는 어린아이들에게 권력을 휘두를 일도, 쥐어진 권력도 없다. 세상은 선생님을 '높은 사람'이라고 보아주지도 않는다. 아이들과 노는 일이니 그들의 생각이나 방식에 맞추어 살아주어야 한다.

힘없고 배경도 없으니 나한테 기대를 안고 객지에 유학까지 보낸 부모님의 실망은 얼마나 크셨을까. 실망과 안타까움으로 범벅이 되어 가슴이 일그러진 부모님을 상상할 때면 죄송한 마음이 가슴을 누른다. 어머니의 고된 밭일과 푸성귀 보따리를 이고 장터로 내달던

거친 숨소리가 항상 가까운 데서 긴 한숨으로 들려오곤 했다.

나에게도 하다못해 ○○수장 한 자리 올 법도 한데, 그런 기회도 그럴 용기도 나지 않았다. 사실 나는 '낮도깨비'나 '꼬락서니'가 되고 싶지 않았다. 세상에는 이곳저곳 감투 자리가 있을 법한 곳을 두드려보고 찾아다니는 사람들이 더러는 있다. 자신이 '낮도깨비'가 되고 '꼬락서니'인 줄도 모르고 우쭐대보려는 사람들이다. 이런 짓을 하는 사람을 가리켜 '꼴값'을 떤다고 한다.

세월이 흐르고 머리에는 희끗희끗 서리가 내려앉았지만 '세상을 떠나는 날까지 소년의 마음'을 지니고 살고 싶다. 마음의 상처를 입고 고통 속에 비틀거리고 싶지는 않다. 살아가면서 웬만한 어려움이 와도 흔들리지 않을 정도로 마음 근육이 단단해졌나 보다 자위도 해본다.

오늘따라 키 큰 나무의 높은 가지가 비틀릴 정도로 비바람이 거세다. 큰 빗방울이 천변길 벚꽃에 사정없이 쏟아붓는다. 벚꽃은 빗방울이 자신을 더 깨끗이 씻어 주리라 믿었겠지만, 그것은 순진하거나 세상 물정을 몰라서 하는 희망일 뿐이다. 거세게 쏟아붓는 빗방울에 꽃잎은 눈발처럼 떨어져 날리고, 어지러운 발길에 밟히는 처지가 되고 말테니까.

요즘 돌아가는 세상을 보니 우습기보다 걱정을 많이 해야 할 판이다. 아버지께서 내게 간곡히 이르셨던 '높은 사람'들이 굴비 엮이듯 하여 줄줄이 담장이 높은 빨간 벽돌집으로 수양하러 들어가고 있다.

역사 이래로 요즘처럼 수양하러 들어가는 사람들이 빨간 벽돌집에 문전성시를 이룬 적도 없을 성싶다.

그동안 나는 세월의 고비마다 수없이 불어닥친 비바람을 내 힘으로 버티며 살아온 것이라 철석같이 믿어왔다. 그러나 그것은 순전히 나의 오만이고 착각이었다. 나는 본래 그렇고 그런 시원찮은 사람이니 내 인생에 불어 닥친 비바람마저 무시하고 스쳐 지나간 것뿐이다. 그래도 안심은 한다. 시류에 뒤범벅이 되거나 흔들리어 분에 넘치는 자리에 연연하지 않고 붙박이처럼 살아 온 내 뒷모습이 두렵지만은 않아 다행이라는 것을….

비가 내리는 날이면

비가 내린다. 주룩주룩 단비가 내린다. 어제 저녁나절부터 내리기 시작한 빗줄기는 한 사흘 연거푸 올 듯이 아침까지도 줄기차게 오고 있다. 봄 가뭄이 너무 깊어서 한숨으로 날 새던 농사꾼의 논밭에도, 쉬파리가 들끓어서 장사 못 해 먹겠다던 시장 길목 할머니의 생선 가게 지붕에도 내리는 단비다. 가뭄 뒤에 내리는 비를 어찌 이 사람들만 단비라 할 것인가. 나를 문밖으로 데리고 가고, 추억 속에서 동행하는 길동무가 되어주기도 하는데.

역시 단비는 고마운 비다. 지금까지 내 창가에 다가와 이처럼 다정하게 속삭이듯 가까이해준 사람이 있었던가. 둘만이 알면 상관없는 은밀한 이야기를 들려준 일이 없었기에, 가슴을 졸이고 온몸으로 비를 받아들이고 싶다. 이런 내 마음을 받아들이는 품이 넓으니 고마운 단비다.

아침부터 비를 맞아가며 나돌아다니는 것은 내 생리에 맞지도 않을뿐더러, 누가 보아도 정신이 똑바로 박힌 사람으로 보지는 않을성싶다. 아침 식사를 좀 일찍 먹고 나가니, 비는 그때까지도 소리를 내며 나를 기다려준다. 마치 어릴 적에 꾀복쟁이 친구가 고샅을 내달으며 지르던 그 목소리로.

독일을 여행하는 길에 하이델베르크 시가지를 가로지르는 네카르 강변을 걸어본 적이 있다. 헤겔, 야스퍼스 같은 대철학자가 이 길을 걸으며 사색을 했다. 그래서 사람들은 철학자의 길이라 부른다. 길이 철학자를 만들었는지, 철학자가 명품 길로 만들었는지 알 수는 없다. 닭이 먼저인지, 달걀이 먼저인지 앞뒤를 따지는 사람도 없다. 하지만 지팡이를 짚고 사색에 잠겨 걷는 모습은 상상만으로도 행복하지 않겠는가.

비가 오는 날에 우산을 받으며 조용한 천변길을 걷는다는 것은, 네카르강변을 걷는 만큼이나 낭만적이지 않을까? 천변을 따라 내장산으로 이어지는 길을 따라 걷는다. 우산대를 어깨에 살짝 걸치고는, 15도쯤 높여 뒤로 젖히면 좌우 시야가 확 트여 보인다. 이때 서래봉과 마주 대하는 풍경은, 내가 바라는 높이에 맞추어 다가오기 마련이다.

비가 오는 날이면 길가에 쌓인 낙엽들은 첩첩해지고, 내 마음도 차분해진다. 우산 위에 '우두둑 우두둑' 떨어지는 빗소리는 어릴 적 추억까지 불러들인다. 초등학교 시절 갑자기 비가 오면 종이우산을 챙겨 들고, 이웃들과 기다리시던 어머니도 와계신다.

밭을 매시다가도 후텁지근한 바람에 먹구름이라도 몰려오면 집으로 내달음쳐 비닐우산을 챙겨 들고, 학교로 달려오시던 어머니가 그리워진다. 미루나무 아래에 서 계시다가 빗속에 걸어 나오는, 나를 끌어안으시던 어머니는 회상만으로도 행복해진다.

내 고향은 아직 살아있어 비가 오는 날이면 안겨볼 수 있다. 부모님과 형제, 친구들을 만날 수 있는 고향이다. 고향 빗속을 걷다 보면, 추억 속에서 친구를 데려와 함께 거닐 수 있는 고샅도 있다. 우산에 '뚝뚝' 떨어지는 빗소리는 고샅을 쏘다니던 친구들의 발걸음 소리까지 불러온다. 장난기를 움켜쥐고 놀려대던 그 친구들은 어디에 있다가 몰려오는 것일까. 남보다 이른 저녁밥을 먹은 형칠이가 어둠이 깔려오는 담 밖에서 나를 부른다. 아버지의 호통까지도 뒤로하고 밖으로 내닫던 발걸음 소리가 싱그럽다. 비가 오는 날이면, 학교에서 돌아와 소에게 풀을 뜯기던 일이 엊그제다. 우산대를 어깨에 기대고, 영어 단어장을 넘기던 그 도랑 길을 걷는다.

비가 오는 날이면 옆방 성삼이와 옆집 형칠이랑 줄방죽으로 메기를 잡으러 가던 날이 어제 일로 다가오는데. 소를 끌고 나가 풀을 뜯기다가 갑자기 소나기라도 쏟아지면 콩밭 매던 뒷집 경자가 내 우산 속으로 들어오기도 했다. 두근두근 뛰는 가슴을 들키지 않으려고 진땀을 빼던 그 시절이 추억으로 살아있는데, 경자는 호밋자루를 어디다가 팽개치고 떠나갔는가.

바쁜 농사일이 어지간히 한가해지고 오늘처럼 비가 오는 날이면, 부모님과 형들은 논밭에 나가지 않아도 되었다. 그런 날이면 누나는 통보리를 까만 가마솥에 볶아서 함지에 담아 내놓는다. 그러면 온 식구가 둘러앉아 조곤조곤 이야기를 나누던 정겨움이 있었다. 비가 오는 날이면 온 가족을 한데 불러들였다.

비가 오는 날이면 세상에 사람들의 그림자가 사라진다. 구름이 그림자를 데려가고, 빗줄기가 사람들을 집안에 가두어 세상은 조용해진다. 조용한 거리에 나 혼자서 걷는다는 것은 상상만으로도 가슴이 벅차오르는 행복일 것이다.

비가 오는 날이면 어릴적 추억이 찾아와 나를 아프게도 한다. 비가 갠 하늘처럼 너무도 똑똑하게 찾아와 외로움을 느끼고, 때로는 아파지기도 한다. 나이가 들어가니 기억은 희미해지는 게 아니라 예민해지니, 견디어 내기가 힘들다.

비가 내리면, 제멋대로 꼬부라진 채로 철철 비를 맞고 있는 천변길 배롱나무에서 아버지가 보인다. 패랭이를 뒤집어쓴 채로 논 물꼬를 막고 오시는 아버지의 거친 숨소리가 들린다. 누런 황토밭과 회백색 논바닥, 검게 탄 주름살을 드러낸 어머니의 가슴이 보인다. 비가 내린다. 내소사 전나무 숲길에도, 내장호수에도 푸른 비가 내린다. 한 사흘 연거푸 내릴 듯이 주룩주룩 쉼 없이 내린다.

단발머리 소녀야

추석을 앞두고 자칭 '고향 지킴이'라는 친구한테서 전화가 왔다. 이번 추석날에 초등학교 동창 모임이 있으니 꼭 나오라는 이야기였다. 통화를 마치자마자 달 반이나 남은 추석을 앞에 두고 몸이 달기 시작했다. 어렸을 적에 소풍이나 명절을 기다리던 설렘이었다.

내가 남다르게 동창회를 기다린 것은, 옆자리에 짝꿍으로 앉았던 여자아이가 궁금했기 때문이었다. 곰곰이 생각해 보면, 다른 남자애들이 다 그랬던 것처럼, 나도 그 여자아이가 예뻐 보였다. 내 짝꿍이어야 한다고 생각할 만큼 어린 가슴을 꽉 붙들어 매는 아이였다. 아버지가 시골 지서에 근무하는 경찰이어서 그런지, 다른 애들과는 도드라져 보였다. 위로 치켜 깎은 단발머리에 나비 모양의 빨간 리본이 어린 마음에도 남다르게 귀티가 나 보였다.

그 여자아이가 입는 옷이며 신발도, 내 눈에는 다른 여자애들과는 달랐다. 파란색 운동화, 까만 원피스에 하얀 깃까지도 어쩌면 내 마음에 꼭 맞췄을까? 흰 미영 저고리에 검정 물을 들인 바지와 조끼만 입고 다니는, 나하고는 다른 세상의 아이였다. 그래도 우리 반 아이들은 나를 스타처럼 떠받쳐 주었다. 그 여자아이도 그들 중 하나라고 생각하면, 내 마음은 가난한 집 아이가 아니었다. 부자가 아니어도 그냥 좋았다.

내가 반 아이들한테 호감을 사는 이유는 단순했다. 나는 공부 하면 반에서 항상 일등을 했다. 대충 공부를 해도 일등은 항상 내가 차지했다. 그렇다고 우리 반 아이들이 다 공부를 못하는 것은 아니었다. 어쩌다 내가 '시험 운이 좋아서'라고 생각했다. 하여튼, 예나 지금이나 공부 잘하는 아이는 어디서나 선택을 받았다. 반장선거 하면 공부 잘하는 애가 뽑힌다. 내가 반장이 되는 것은 항상 '떼어 놓은 당상'이었다. 일학년부터 육학년 졸업할 때까지 6년 내내 반장을 했다. 우리 반 아이들이 착하고 순진한 덕이었다.

나는 여러 사람 앞에 나서서 내 감정을 드러내지도 못할 만큼 숙맥이었다. 지금 생각하면, 물러 터진 홍시처럼 뒤가 무르고 싱거운 아이였다. 그래도 우리 반 아이들은 나를 똑똑하고 선한 아이로 보아주었다. 어머니는 '내 막둥이가 남들한테 얕보이면 안 된다.'며 자주 몸을 씻겨 주셨다. 땟물이 흐르지 않게 옷도 자주 빨아주시곤 했다. 해진 내 바지 무릎에 덧댄 헝겊도 표가 나지 않게 꿰맬 정도로 솜씨를 내셨다. 내가 남다른 아이로 보이는 것은, 어머니가 '용 알 덩어리'처럼 애지중지愛之重之 다독여주신 덕이었다.

나도 그 여자아이처럼 반 친구들에 둘러싸이곤 했다. 그렇지만, 그 여자아이는 나에게서 조금 떨어져 있어도 마음은 나를 본다고 생각했다. 나의 속내도 그 여자아이를 보고 있었으니까. 그러나 시간이 나를 속이고 있다는 것을 몰랐다. 철없이 좋았던 시간은 눈치도 모르게 흘러갔다.

겨울이 오고, 중학교 입학시험까지 끝나며 졸업을 맞이했다. 우리는 긴 이별의 시간 속으로 빠져들어 가버렸다. 당시만 해도 시골에서 상급학교에 진학하는 학생은 손가락으로 꼽을 정도였다. 여자아이들은 거의 진학하지 않았다. 나는 그 여자애가 진학했는지는 모른다. 졸업과 함께 그 아이는 내 호기심에서 사라졌으니까.

그 이후 나는 그 여자아이를 만날 수 없었다. 어쩌다 많은 추억 속에 그 아이가 끼워오기는 했으나, 피식 웃고 넘기면 그만이었다. 직장과 가장이라는 책임은 자신을 잊고 묻어두는 삶이었다. 고향을 등지고 살아온 세월의 길이만큼 그 여자아이는 기억에서 멀어졌고, 쌓인 세월만큼 추억은 깊은 곳에 묻혀 있었다.

추석 성묘를 하고, 참 오랜만에 그리운 얼굴을 만난다는 설렘을 안고 모교를 찾았다. 운동장 한쪽 잔디밭, 널찍한 천막 안에는 늙은 아이들이 홍안의 옛 시절을 불러들여 무르익은 분위기였다. 인사를 하는 둥 마는 둥 알아볼 수 있는 얼굴이 몇 안 되었다. 가슴에 담고 왔던 명순이가 누구인지 찾을 수가 없었다. 들음들음 알아 보니 몸이 썩 좋지 않아서 출입을 안 한다는 것이었다. 실망이 컸지만, 사는 집은 읍내 변두리라고 알려 주는 친구가 있어 다행이었다.

모임이 끝나고 집에 오는 길에, 그리 멀지 않은 소금샘마을로 향했다. 그 여자아이 구멍가게 옆에 차를 세웠으나, 왠지 마음과는 달리 용기가 나지 않았다. 서성거리는 내 모습이 뭘 훔치러 기회만 노리는, 도둑고양이 같다는 생각이 들기도 했다.

답답한 내 동태를 살피던, 가슴 안에서 누군가가 '그럴 줄 알았다.'는 듯이 비웃는 게 아닌가. 퍼뜩 초등학교 3학년쯤 돼 보이는 여자아이가 구멍가게 앞에 서성이고 있었다. 얼핏 손녀인가 싶어 '할머니 친구'라고 말하니, "할머니." 하고 부르며 집 안으로 뜀박질하듯이 들어갔다. 한참 뒤에 허리가 호미처럼 굽은 노인이 유모차를 앞세워 느린 걸음으로 모습을 드러냈다. 순간, 무엇에 짓눌려지는 듯 머리가 혼란스러웠다. 기대가 실망의 나락으로 굴러떨어지는 순간치고는 너무나 길었다.

'설마, 저 노인네가 명순이는 아니겠지?'

남새밭 가장자리에 주인이 세워 둔 괭이가 찌그러진 깡통을 곁에 두고 불안하게 서 있었다. 김장 채소 씨앗을 뿌리다가 나온 것 같았다. 마당에 어지럽게 쌓여 있는 수숫단이며, 제초제에 누렇게 시든 풀들이 그녀의 삶을 넌지시 보여주는 듯했다.

50여 년 만의 해후, 가슴 속 깊이 묻혀 있었던, 그 여자아이는 나를 잘 기억해내지 못했다. 물기 없는 동문서답만이 허공에서 맴도는 듯했다. 옛이야기들은 날아가 버렸지만, 그래도 가끔 몇 명 친구들 얘기라도 들을 수 있어 다행으로 여겨야 했다.

세월이 할퀴고 간 얼굴에는 거미줄보다 촘촘한 자국만 선명했다. 그 여자아이를 찾을 만한 흔적은 어디에도 없었다. 사슴처럼 긴 목줄을 타고 내리는 굵은 땀방울, 비워 둔 초가지붕처럼 주저앉은 앞가슴까지 흘러 적실 것 같아 안타까웠다. 후덥지근한 마파람 한줄기가 내 등줄기를 더듬듯 훑고 지나갔다. 들녘 끝 두승산을 삼킨 먹구름이 몰려오고, 금방이라도 소나기가 쏟아질 듯 사방이 캄캄해졌다.

노파는 뒤도 돌아보지 않고 휘적휘적 집 안으로 들어갔다. 6학년 그 시절, 그 단발머리 소녀는 추억의 졸업사진 속에 지금도 웃고 있겠지. 꽃은 만지지 말고, 멀리 두고 보라 했는데….

제 4 장

우리 동네 들시암

누님은 들시암처럼 수수하고 맑았다. 오늘따라 내변산이 그림자를 길게 늘어뜨린 서녘 햇살에 눈이 부시다. 한 손으로 햇살을 가리고 다른 한 손으로는 물동이를 잡고서 조심조심 잔등길을 오르던 누님이 흑백사진을 보듯이 그립다.

우리 집 마당

50여 년 전에 이사한 단독주택에서 고집스럽게 사는 나를 친지들은 융통성이 없는 붙박이라 부른다. 물론 넓고 전망 좋은 아파트에서 편리하게 살 수도 있다. 그러나 나는 이 집에서 꼼짝도 않고 살고 있다. 무슨 거창한 이유가 있어서가 아니다. 나의 땀과 아내의 알뜰함을 싹으로 키워 마련한 집을 쉽게 떠날 수 없었다. 어쩌면 핑계 같은 고집이라는 생각이 들기도 한다.

집은 그리 넓지 않아도 마당에는 살구나무를 비롯하여 감나무와 대추, 석류 등 몇 종류의 과일나무들로 빼곡하다. 특히 대문 옆 담장을 기대고 서 있는 살구나무는 한때 우리 집의 상징이었다. 이들 모두가 우리 부부의 정성이 깃든 손길로 자란 것들이다.

봄에 살구나무가 새하얀 꽃망울을 한꺼번에 터트리면 동네는 물론이고, 멀리서도 '살구나무 이 선생 집'이라고 알아볼 수 있는 꽃빛이

어서 화려하다. 우리 식구의 호칭까지도 살구나무가 앞에 붙여졌다. '살구나무집 이 선생 사모님', '살구나무집 이 선생 막내딸', '살구나무집 강아지'라고도 부를 정도였다.

초여름 살구가 노랗게 익으면 또 한 볼거리여서 누구나 입맛을 다셨다. 토실하게 살찐 살구들이 주렁주렁 옆집 대문 옥상까지 넘보았다. 오가는 사람들은 물론이고, 동네 골목 사람들이 먼저 맛을 보아야 했다. 가지마다 빈틈없이 매달린 살구는 가까운 친척들에게까지 보내주고, 친구들도 몇 알씩이나마 나누어 먹었다.

탱글탱글하고 씨알이 굵은 것들은 따로 골라 서울에 있는 아들 직장으로 보내주었다. 그러면 시골에서 부모님이 농사지은 청정한 과일을 맛있게 먹었다는 인사까지 보내왔다. 우리 집 마당의 살구나무는 요모조모로 고마웠다.

마당의 감나무도 살구나무에 뒤지지 않았다. 봄에는 연두색 잎으로 단장한 감나무가 온 집안을 생동감이 넘치는 봄기운으로 채워주었다. 바로 옆 텃밭에 상추가 자기 빛을 닮았다고 시큰둥할까 봐 조바심까지 챙겨야 했다.

마당 한가운데를 차지한 감나무는 아침에 창문을 열자마자 눈을 맞추며 인사를 한다. 계절 따라 예쁜 짓만 골라 하는 감나무였다. 여름에는 시원한 그늘로 동네 아주머니들을 불러냈다. 덕분에 우리 집은 웃음꽃이 끊이지 않는 복福마당이 되었다. 가을이면 빨간 감이 가지가 휘어지게 열려 꽃보다 감이었다. 감은 홍시로 먹고, 곶감으로 만들어 먹었다. 현관 옆으로 줄지어 내려뜨린 곶감 주렴은 또 하나 가을빛이었다. 그러고도 남는 감들은 냉동 항아리에 보관했다. 이듬해 여름 아이스크림으로 만들면 어느 청량 간식이 이보다 더한 게 있을까?

석류, 대추나무와 으름도 고운 빛깔에 탐스런 열매로 보는 사람마다 그냥 지나치지 않는다. 가을이면 나무마다 제각기 물든 단풍으로 우리 집 마당은 예쁜 산 한 자락을 잠시 옮겨다 놓은 듯하다. 우리 집 마당은 가을풍경까지 담고 있다. 사람의 끝없는 욕심이었을까? 사철을 두고 풍성하던 우리 집 마당에 자동차 한 대가 들어오면서 분위기는 전혀 다른 모습으로 바뀌었다. 대문이 넓어지고, 담장을 헐어 살구나무가 서 있던 자리에 차고가 들어섰다. 이왕 시작한 공사에 이것저것 욕심을 보태다 보니 하루아침에 과일나무들은 서 있을 자리를 잃었다.

우리 집 마당에서 20년이 넘게 살아 온 나무들을 떠나보내야 했다. 눈을 즐겁게 하고, 마음까지 넉넉하게 해주던 가족들이었다. 지난 시간을 생각하니, 고운 햇살과 결이 고른 바람에 고혹적인 꽃들이 새삼스레 가슴 시리게 다가왔다.

다행히 마당 귀퉁이에 두 평 남짓한 땅이 남아 있었다. 햇볕도 들었다. 그곳에 꽃밭을 만들어 그런대로 마당의 이름값을 했다. 철쭉 등 키 작은 나무 몇 그루를 심었다. 국화와 도라지 등 우리 풀꽃 등으로 분위기를 살리려 했다.

이제 우리 집 마당에는 검정색 자동차가 육중한 몸체로 자리를 차지하고 있다. 도도하게까지 보였다. 아내는 차를 두고 날마다 부지런하기도 했다. 차 안을 닦고 털고, 노래가 가득 채워진 테이프 묶음까지 챙기는 등 보통 신이 난 게 아니다.

어디에 물어서 사 왔는지 번쩍번쩍 광택제까지 익숙했다. 이제는 운전학원에 다녀야겠다고 해서 나를 놀라게 했다. 자신이 아마추어니까 말릴 수도 없었다. 덩달아 자동차도 우쭐하여 나한테 한마디 던지는 성싶었다. 생명도 없는 쇳덩이일 뿐이라고 무시했는데, 듣고 보니 일리가 있다는 생각이 들었다.

"세상은 넓다. 당신이 쳐 놓은 울안에 갇혀 사는 스스로가 가엽지 않은가?"

내 안에만 빠져 사는 나를 비꼬는 말투로 들렸다. 일리가 있다 싶었다. 내가 이 집에서 떠나지 못하는 것도 그렇다. 우리 집만이 그 나무들이 살 곳이라는 생각도 버려야 했다. 더 많은 사랑을 가진 사람을 만날 수 있는 나무들이었다. 더 많은 사람에게 풍요한 열매를 나누어 줄 수도 있다. 우리 집 마당보다 더 넓은 세상에서 행복할 나무들을 생각했다. 드디어 내 마음에 평온한 봄볕이 찾아들었다. 눈이 부시도록 반짝거리는 자동차가 희망의 빛이었다. 넓은 세상으로 나가서 새로운 삶을 만나보고 싶었다. 활기찬 나로 탈바꿈하는 당찬 꿈을 실천하기로 했다.

나는 자동차에게 '양준수'라는 이름을 지어주었다. 아내 이름에 '양'

자가 들어있고, 아들의 항렬이 수 자다. 양보의 미덕을 쌓고 규칙을 준수하는 모범운전자처럼, 우리도 그런 삶을 다짐하는 마음을 담은 이름이었다.

그로부터 20여 년 동안 나는 양준수와 한 가족이 되어 세상여행을 하고 있다. 안 가본 곳, 소문난 곳 말고도 이곳저곳 찾아 헤매듯 많이도 다녔다. 세상은 넓고 볼 것은 널려있었다. 그 가운데에도 새삼스럽게 나를 발견할 때가 가장 기뻤다. 내 안에만 갇혀 살던 내가 세상 밖으로 나와 삶의 방향을 찾은 보람은 컸다. 어머니의 품 안을 쉽게 떠날 수 없듯이 어렵사리 마련한 보금자리를 쉽게 바꿀 수는 없지 않은가. 우리 집 마당을 떠날 수 없듯이 함께 살던 그 나무들을 잔잔한 그리움으로 가슴에 안아본다.

우리 동네 들시암

고향에는 마을 사람들이 공동으로 마시고 사용하는 '들시암'이 있었다. 마을 앞 논 가에 있는 우물이어서 그렇게 불렀나 싶다. 쉼 없이 샘솟는 들시암은 사랑을 베푸는 마을의 인심이라 여겼다. 울안에 우물이 있는 몇 집을 빼고는 들시암은 마을 사람들의 생명수였다. 샘은 땅을 둥글게 파 내려가면서 바닥까지 작은 돌로 차곡차곡 벽을 쌓았다. 폭은 어른이 양쪽 팔을 벌리고도 남을 만했다. 샘의 나이가 얼마나 됐는지는 누구도 모른다. 파랗게 낀 이끼만으로 역사가 꽤 되었을 것이라고 짐작할 뿐이었다.

땅 위로는 돌을 깎아 어른 가슴 높이만큼 정사각형으로 난간을 만들어 맞추었다. 안정감 있고 튼튼해서 철모르는 우리는 샘 난간에서 술래잡기 등 놀이를 했다. 어른들한테 혼이 나도 그때뿐이었다. 그때나 지금이나 역시 아이들은 철이 없어 행복했다.

들시암 옆으로는 마을을 동서로 가르듯 작은 신작로가 있었다. 소달구지도 다니고, 6 · 25때는 철모 쓴 군인들이 탄 지프차도 다녔다. 어른들 말씀으로는, 서울에서 내려오는 손님도 이 길을 지나서 간다고 했다. 아닌 게 아니라, 지게에 짐을 지고 가는 아저씨와 머리에 보따리를 인 아주머니가 뒤따라 이 길을 지나가기도 했다. 두루마기에 갓 쓴 할아버지들도 가끔 볼 수 있었다.

이들은 하나같이 들시암을 그냥 지나치지 않았다. 물을 한 바가지 떠 들이키고는 만족한 표정을 지어야 했다. 들시암길을 걸어 나오며 빼놓지 않는 말씀도 같았다. "어, 시원하니 물맛 한 번 좋다."는 말 말에 우리 마을 들시암은 물맛이 좋기로 서울까지 소문이 났다고 했다. 세상에 널리 알려질 만큼, '물맛이 좋다'는 어른들의 말씀으로 받아들였다. 하여튼, 샘솟는 물은 일 년 내 찰랑찰랑했다. 온 동네 사람들이 떠가고 마셔도 줄지 않았다. 길어가고, 나물을 씻고 빨래를 해도 내 눈금에는 언제나 그 자리였다. 맛 좋은 물이 일 년 내내 그득히 차고 넘치니 '우리 동네 사람들의 인심이 좋아서'라는 자랑도 허튼 말은 아니라고 여길 만했다.

들시암은 낮에는 아저씨들이 들일을 마치고 손발을 씻고 등 멱까지 허락했다. 어린 우리는 발가벗은 채로 온몸에 물을 부어대며 더위를 식혔다. 그 시원한 맛은 세상을 날고도 남았다. 밤이면 아주머니들의 차지였다. 웃음소리로 들시암은 떠나갈 듯했다. 시원한 맛에 장난까지 섞여 나오는 웃음을 들시암이 허락해주었다.

들시암 길은 아침 해가 뜨기 전에 아주머니들이 먼저 하루를 열었다. 물동이에 물을 뜨러 나와 활기찬 하루의 시작을 알렸다. 들시암에서 길어간 물로 지은 밥을 먹고, 숭늉을 마셔야 마을 사람들의 하루가 힘차게 돌아갔다. 들시암은 마을에 힘까지 샘솟게 했다.

이런 말, 저런 소문은 들시암에서 솟는 물만큼 넘쳐났다. 덕분에 서로의 마음을 열어 들고나며 이해도 넓혔다. 나누고 키우는 정이 샘솟는 들시암이었다. 가난한 집, 시어머니 구박이 심한 며느리, 임신한 새댁을 몰래 불러내는 곳도 들시암이었다. 물동이에 먹을 것을 담아와서 이런 안쓰런 새댁에게 먹이는 인정도 들시암에서 나왔다. 같은 처지 새댁들이 서로를 위로하고 위로받는, 인정이 넘치는 샘이 우리 마을 들시암이었다.

마을은 들시암을 중심으로 몇 집씩 모여 있는 다섯 개 뜸이 있었다. 마을 한가운데에 있는 가장 큰 본뜸과 아래뜸, 건너뜸이 오른쪽으로 있었다. 옆으로는 세가호뜸, 우리 집은 위뜸이었다. 마을을 동서로 울타리처럼 둘러싸고 있는 작은 등성이에 우리 집이 있었다. 그래서 위뜸을 잔등이라고도 불렀다.

들시암 옆으로는 줄풀이 무성한 방죽이 있었다. 아이들은 줄풀로 낚시를 하고, 형들은 풀을 엮어 도랑에 놓아 고기들을 가두어 잡았다. 어른들은 가을 농사철이 끝나면 방죽 물을 빼고 붕어, 메기 등을 낚았다. 이럴 때는 동네 잔칫날이었다. 들시암 앞터에 가마솥을 걸어 끓인 매운탕은 다섯 뜸 사람들을 한식구로 만들었다.

정월 대보름날 밤이면 마을 어귀 느티나무 아래에 동네 사람들이 모여 마을의 안녕과 풍년을 기원하는 풍악과 줄다리기를 했다. 줄다리기는 남자와 여자로 편을 갈라 당기지만 번번이 여자들이 이겼다. 그래야 풍년이 든다며 남자들이 슬그머니 져준다고 들었다. 듣기 좋은 미담이지만, 한식구가 되게 한 들시암 덕이라 믿었다.

놀이를 마치면 어른이나 아이 가리지 않고 들시암으로 옮겨 갔다. 여기에는 떡시루가 기다리고 있다. 장수長壽한 어른이 한 해의 풍년과 무병안녕無病安寧을 기원하는 절차를 마치면, 시루떡을 잘라서 온 마을 사람이 고루 나누어 먹었다. 한 솥에 찐 떡을 나누어 먹으며 한식구가 되어갔다. 자연을 경배하고 은혜에 감사하며 마을의 화합을 다지는 우리 선조들의 지혜를 들시암이 가르쳐 주었다.

어른들은 해마다 두 번씩 들시암 청소를 했다. 어떤 사람은 안에 들어가 물을 퍼 올리고, 이끼를 벗기어 밖에서 긴 끈에 묶어 내린 함박에 담아 퍼내었다. 들시암은 묵은 때를 벗고 항상 맑은 샘으로 태어나곤 했다. 다섯 뜸 사람들의 마음이 들시암을 닮아갔다. 역사의 소용돌이에 남편과 자식을 징용으로, 전장으로 끌려 보내야 했던 어머니들의 아픔을 들시암은 알고 있었다. 가난의 가시밭길에서 몸부림치는 어머니들이 내뿜는 한숨을 다 받아 주었다. 한 모금의 물로 갈증을 적시게 하고, 한 바가지의 물로 한을 삭혀 준 곳이 들시암이었다.

어느 날이었다. 개발이라는 이름으로 청천벽력 같은 일이 마을을 휩쓸고 지나갔다. 개화 간척지를 농경지로 만들며 물을 끌어가는 물길이 났다. 칠보발전소를 빠져나온 물은 정읍과 부안 들을 적시며 거침없이 청호저수지까지 벋었다. 이 물길은 우리 마을 들시암을 무참하게 깔아뭉개버렸다. 들시암이 흔적도 없이 역사의 뒤안길로 사라지자, 적막에 싸인 마을은 아이들의 웃음소리도, 어머니들의 익살 섞인 농담도 들을 수 없게 되었다. 개발과 풍요를 앞세운 물길이 영혼을 쓸어 간 빈자리가 아픈 상처로만 남아 있다.

어릴 적 누님은 아침과 석양 무렵에 들시암 물을 길어다 밥을 지었다. 뒤로 길게 따 내린 누님의 댕기는 수줍음 많은 시골 처녀였다. 누님은 들시암처럼 수수하고 맑았다. 오늘따라 내변산이 그림자를 길게 늘어뜨린 서녘 햇살에 눈이 부시다. 한 손으로 햇살을 가리고, 다른 한 손으로는 물동이를 잡고서 조심조심 잔등길을 오르던 누님이 그립다.

태홍 선생의 약속

뒷길 점占집 앞에 삼백 살이 넘는 느티나무 우듬지가 연초록으로 물든다. 의지가지없는 노목老木은 해가 바뀌어도 봄 단장을 거르는 일이 없다. 이때쯤이면 설렘으로 날을 새는 노인들이 있다. 소풍날을 기다리는 초등학생처럼 대학생이 되는 꿈은 밤잠을 설쳐도 아까워하지 않는다.

태홍 선생은 일찍이 지역 어른들에게 오감을 들썩이게 할 만한 약속을 했다. 싱그러운 웃음을 잃을 뻔했던 노인들은 대학생이 되는 꿈을 안게 되었다. 초등학교 문턱 한 번 넘지 못한 어른들이 더 많다.

○○노인대학은 ○○읍을 중심으로 이웃 면지역 노인들이 입학한다. 아무도 대신해 줄 수 없는 절대 고독에서 헤어나지 못할 것 같은 분들이다. 선생의 약속을 철석같이 믿고 난생처음 학교 문턱을 밟은

학생들이 백 명도 넘는다.

선생은 정년퇴임을 앞두고 틈틈이 대학을 열 준비를 해두었다. 적금을 부어 목돈을 마련하고, 제자들의 주례를 설 때마다 받은 사례금까지 보태었다. 연금에서 푼푼이 떼어 둔 얼마의 돈도 대학을 꾸리는 데 종자가 되었다. 선생의 나이가 올해 89세이니 대학은 어언 25년의 역사를 이어온 셈이다.

4월 초, 입학식장은 검정 가운과 사각모를 쓴 노인들이 자녀들에 둘러싸인다. 대학생이 된 가슴은 잔뜩 부푼 풍선처럼 들뜨고도 남을 일이다. 가난을 죄로 안고, 무식이 드러날까 봐 조바심으로 살아왔던 세월 속에 빛은 가려있었다. 어둠 속에 숨어 있던 빛이 검정 모자와 가운에서 날개를 달고 세상 밖으로 나온 것이다. 선생은 입학식 날이면 주문을 외우듯 노인 학생들에게 이르곤 했다.

"사람은 늙어가지만 바른 언행으로 존경받는 어르신이어야 한다."

자라나는 후손들 앞에 스스로를 부추겨 청아하게 가꾸는 어른의 모습을 보여주어야 한다고 했다. 대학에서는 어르신으로 갖추어야 할 품격과 건강, 노래를 가르친다. 부드러움이 드러나는 유머, 어르신으로 대접받는 상식을 배운다. 대학을 현장 답사하거나 교수를 초빙하여 강의도 듣는다. 또한 조리 있는 말솜씨를 익히는 방법도 공부하며, 시간을 내어 토론을 자주 한다. 이런 활동에 노인 학생들은 신기해하며 흡족한 마음을 숨기지 못한다.

한 치 앞을 모르는 게 인생이다. 검은 머리 파뿌리 될 때까지 살자던 부인이 약속을 깨고 몇 해 전에 먼 세상으로 떠났다. 인연은 세월이 쌓일수록 잊지 못할 정으로 깊어지는 것일까. 그 이후 예민해지는 선생을 뵐 때마다 애달파하는 느낌이 짙게 묻어난다. 약속은 희망이 아니라 오히려 절망이 아닌가 싶었다.

상심이 커서일까. 시름시름 하시던 몸은 아예 요양병원 침상에 눕히고 말았다. 동병상련이라는데 동년배 학생들에 대한 안부는 또 얼마나 큰 걱정으로 안고 계실까. 몸은 병원에 있어도 학생들이 알씬알씬 떠올라 마음은 그곳에 가 있으리라.

걱정을 안고 병원을 찾을 때가 더러 있다. 선생은 병상에 누워계시면서도 따스한 4월이 오면 걸어 나오시겠다고 앞질러 약속을 하곤 한다. 그럴 적마다 나는 빨리 약속을 지키시라고 재촉하는 사람 같아 얼른 말머리를 딴 데로 돌린다.

계절을 타고 또 봄이 오고 있으니 기다리는 4월은 더욱 애틋하고 간절하다. 수년 세월 눅눅한 몸 툭툭 털고 다시 돌아오실 선생의 4월을 기다린다. 선생의 약속은 깊지도 높지도 않고 해맑고 가냘픈 실오라기일 뿐이니까.

행여 조금이라도 병세가 좋아지시기를 바라지만 휑한 눈이 안타까움만 더한다. 남다르게 훤칠한 키에 굽은 등허리를 한참이나 쓸어내려가다 보면 삭정이가 되어가는 게 안타깝기만 하다. 선생께 무슨 수로 약속을 받아낼 수 있을까. 아무래도 4월이면 지키기로 한 약속은 올해도 접어야 할 것 같다는 낙심으로 걱정만 깊어간다.

이제 선생은 더이상 4월을 기다리지 않을 것 같다. 4월을 기다린다는 것은 몸을 추스르고 학생들에게 한 약속을 지킬 수 있다는 희망이다. 생에 마지막으로 일군 노인대학을 잊고 약속을 깬 지금 선생은 다른 꿈을 꾸고 있지는 않을지.

이제 선생이 한 약속을 '미안해 한다'는 것은 애달픈 몸부림이다. 약속은 젊은이에게는 달콤한 일상이고 환대하고픈 친구다. 젊은 날의 약속은 바람을 막아 줄 울타리이고 기대고픈 언덕이기도 하다. 설렘과 약간의 흥분까지도 인다.

그러나 선생에게 약속은 억지이고 자다가도 피하고 싶은 악몽일 뿐이다. 한 번 떠나버린 시간은 영원히 다시 오지 않는다는 것을 마음 아파할 것이다. 인연도 약속과 함께 놓아버리는 날이 오지는 않을까.

힘 빠진 발길을 돌려 병실을 나올 때마다 선생의 시선이 가슴에 맺히곤 한다. '대학은 이 선생이 알아서 하게'라는 듯 내 등에 선생의 속내는 머물고 있어서다. 그런 모습이 연민과 함께 내 가슴에 남아 있을 수밖에 없는 게 더 안타깝다.

이제 선생의 약속은 내 어깨에 무겁게 짊어져 있다. 내가 선생의 초청으로 몇 번 강의를 한 적은 있지만, 어떤 토를 단 것은 아니었다. 선생에 대한 호기심을 뿌리치지 못하고 "그러지요."라고 대답한 게 인연이 되어 여기까지 왔다. 정년퇴임으로 교단을 떠나리라 믿었는데, 마음과는 다르게 대학에서 발을 빼지 못하고 있다.

이제는 마음을 다잡고 창문을 열 듯 가슴을 젖혀 조용히 어르신들을 기다릴 일이다. 희망을 안고 등교하는 노인 학생 한 분 한 분마다 미소로 맞이하는 게 선생이 하신 약속을 지키는 일이지 싶다. 4월이 오면 태홍 선생이 나오겠다고 하신 약속처럼….

떼보 아저씨

3월 1일자 전보 발령은 나를 벽촌으로 밀어 넣었다. 설을 쇤 지 보름 남짓이니 겨울 끝자락쯤일까. 아내의 걱정을 뒤로하고 집을 나서 마을버스로 40여 분을 달렸다. 칠보에서 쌍치행 완행버스로 30여 분을 휘돌아 구절재를 넘었다. 힘들게 고개를 돌아 나오니 산 중턱에 슬레이트 지붕을 이고 기다란 한 채의 건물이 눈에 들어왔다. 산들이 주름처럼 첩첩으로 사방을 막아 답답한 가슴을 열고 나갈 출구는 아득해 보였다. 마침 사택에 방 하나가 비어서 교장 선생님의 배려로 자취생활을 할 세간을 내려놓을 수 있었다.

산골의 밤은 외롭고 길었다. 난생처음 가족과 떨어진 삶은 유배나 다름없었다. 고독은 두려움까지 깔고 밀려왔다. 선배들이 2, 3년을 버티지 못하고 아홉 구불고개를 되넘어 간 까닭이 넌지시 깨달음으로 다가왔다. 구절재를 넘어오던 날, 학교 앞에서 내 세간 살림을 옮겨주시던 마을 어른과 가까워졌다. 날수가 쌓이며 적막을 깨고 가끔 찾아오는 그 아저씨의 발걸음 소리가 기다려지곤 했다. 각박한 사람들을 벗어나서 느슨하게 가슴을 열어놓을 널찍한 바위 같은 어른이었다. 간간이 섞인 혀 구부러진 말씀에도 되새겨 들어보면 한 뜻 깨닫는 게 있었다. 이 어둑한 산중에서 배우지 못하고 업신여김으로 살아 온 삶이 한으로 맺혀있는 성싶었다.

사람들은 애, 어른 할 것 없이 그분을 '떼보 아저씨'라고 불렀다. 왜 '떼보'라는 접두어를 붙여 부르는지 알려고 하지는 않았다. 노루목에서 구멍가게를 하는 절안댁 아주머니도 그랬다. 칠보장을 보고 오다가 가게에 들르는 아저씨에게 '떼보' 양반이라고 부르는 게 다반사였다. 몽니라도 부릴 만하련만 하급담배에 찌든 누런 이만 드러내 웃음으로 넘기곤 했다.

시간이 쌓여갈수록 '떼보'라는 이름이 내 가슴에는 해묵은 정감으로 차분히 자리를 잡아갔다. 이러고 보면 내 마음 밭에도 산골사람들의 비옥한 흙이 깔려오나 싶었다. 이런 마음 밭에 사색으로 꽃이라도 피우리라 다짐을 하기도 했다. 내가 피운 꽃향기는 오래도록 간직하여 가져가리라 기대까지 안게 되었다.

그러나 사색은 몸으로 옮겨야 윤택한 삶이 된다는 것도 고독이 일러주었다. 이 적막강산에 우두커니 천장만 바라보고 혼자만의 사색에 잠겨 있어야 할 까닭은 없었다. 이웃 절안마을 이장님과 상의하여 회관을 독서실로 만들었다. 방죽을 파야 고기가 모여든다고, 여기저기서 책을 모아 보내주었다. 천여 권 책들은 산골 아이들에게 굶주린 마음의 배를 채워주었다. 덩달아 어른들의 마음에도 흐뭇함이 배어들었나 싶었다.

아이들의 책장 넘기는 소리에 호기심을 감추지 못하던 '떼보 아저씨'의 흐뭇한 표정을 지금도 잊지 못한다. 작은 의자에 엉덩이를 올리듯이 겨우 앉아서 손에 쥔 책을 놓지 않았다. 위로 아래로 그림책을 보는 아이 같은 모습이 사뭇 진지하기까지 했다. 글자를 모르니 무식의 테두리 안에 갇히고 배움의 한에 묻혀 살았을 아저씨가 연민으로 나를 가까이 다가가게 했다. 자신을 보상이라도 받으려는 듯 아이들에게만은 공부를 시키려 했던 마음은 생각할수록 짠했다.

산골에는 어스레해지면 인기척이 먼저 끊긴다. 풀 섶에 어둠이 짙게 깔리고 사방은 적막이 깃들어가는 초저녁이면 산동네 공기는 금방 싸늘해졌다. 독서실 불도 꺼지고, 아이들은 아쉬움을 접고 집으로 돌아간다. 짙은 어둠을 두르고 서 있는 나무들 사이로 내 산골 시간은 이렇게 쌓여갔었다. 이곳 사람들에게 시간은 인정을 쌓는 거름이었다. 잠시 만난 사람일지라도 오랜 시간 함께 살아 온 가족으로 버무려주었다. 이런 사람들 가운데에 '떼보 아저씨'가 있었다.

그날도 아저씨의 생일이라고 나를 끌다시피 집으로 데리고 갔다. 한사코 사양하는 나를 우격다짐으로 끌며 떼를 쓰듯 하니 '떼보'라는 말이 딱 어울릴 만했다. 처음에는 어색한 만남이었으나 이제는 당연한 일이 되었다. 이럴 때는 '떼보 아저씨'가 내 고삐를 쥐고 있는 주인일지도 모른다는 엉뚱한 생각에 빠져들기도 했다. 아무리 떠나려 해도 다시 원점으로 돌아올 수밖에 없는 나를 돌아보곤 했다.

아저씨 생일상을 맞으러 묘덕골에 오르는 길엔 달빛이 풀잎 위에 하얗게 내려앉아 있었다. 마치 '이효석의 메밀밭' 길을 걷는 허생원과 동이 같다는 생각이 들며 피식 웃음이 흘러나왔다. 늦은 밤, 미안한 마음을 안고 그 집에 들었다. 겨우 엉덩이를 비비고 앉은 방에 쿼쿼한 냄새가 두 내외분이 살붙이로 이어 온 삶을 말해주는가 싶었다. 아랫목 이불에 묻어 둔 사기그릇에 담긴 밥이 들려 나왔다. 뚜껑을 여니 하얀 고봉밥이 턱밑까지 닿았다. 남김없이 비울 생각을 하니 걱정은 고봉밥보다 더 높았다. 잠시 뒤 방 한구석 항아리에 떠 온 동동주가 눈에 들어왔다. 순간 투박한 뚝배기에 둥둥 떠 있는 밥알처럼 걱정은 삭혀갔다.

만남은 항상 이별이 따른다는 것쯤은 알고 있지 않은가. 하지만 이별을 아픔으로 맞이하는 것은 쌓아온 정 때문일 것이다. 구절재를 넘어오고도 십수 년이나 우리의 발길은 이어져 오갔다. 손에는 항상 무엇인가 정표가 들려 있곤 했었다. 그것이 산나물이거나 한 켤레 양말이어도 소박한 정이 담겨있어 따뜻했다.

그러나 가슴 아픈 소식은 발길이 아닌 차가운 시신처럼 생명 없는 기계가 알려주나 싶었다. 신산스런 세상에 적응하지 못한 상처를 비껴가지 못한 탓일까. 아저씨가 세상과 이별을 하려고 아직 예식장에 계시던 날, 영정에 '김창렬'이란 이름 석 자가 살아 움직이는 것을 보았다. 사진 속 아저씨는 봄 가뭄에 보타진 논처럼 광대뼈며 검은 얼굴이 더 거칠어 보였다. 나를 향해 한 말씀 하시는 것 같았다.

"이 선생, 갑자기 떠나게 되어서 미안해."

사람이 살아가면서 노소나 더 배우고 덜 배운 것을 차별하지 않을 때 신뢰로 이어지는가 싶다. 서로 꾸밈없는 마음을 주고받았기에 아저씨와 우정은 깊고 오래오래 이어오지 않았을까. 아저씨는 거친 소나무 껍질처럼 산속에서 살다가 그곳을 벗어나지 못하고 산山사람으로 갔다.

올해도 구절초축제장에 간 김에 묘덕골에 들렀다. 가을비가 길을 적신다. 그때 어느 날 밤도 빗길에 철벅거렸었다. 길섶에서 조금 떨어진 '떼보 아저씨'를 둘러싸고 있는 소나무들이 '뚝 뚝' 물방울을 떨구고 있다. 겉으로 드러내 보이지를 못했던 아저씨의 순박한 마음씨가 빗물에 섞이어 나를 적신다.

옆집 영식 씨

어둑한 시간을 더듬듯 이른 아침 산책에 나서는 길이다. 어슴푸레한 골목을 나오는 데 앞집 영식 씨도 대문 밖으로 얼굴을 내민다. 요 며칠 동안 통 기척이 없더니 뜻밖에도 오늘 아침 집 앞에서 맞닥뜨린다.

하지만 부인을 부축하여 나오는 게 예삿일이 아닌 듯싶었다. 가슴에 찬 산책을 뒤로하고 걱정이 앞섰다.

"아주머니께서 많이 편찮으신가 보네?"

"예, 좀 거시기해서요."

"그럼 이 시간에는 응급실로 가야 할 텐데 내 차를 가져올까?"

"아니요. 거시기했어요. 택시 곧 오겠지요."

"그래, 그럼 잘 다녀와. 무슨 일 있으면 전화하고…."

"예, 고마워요. 다녀오세요. 날이 아직 거시기하니 조심하세요."

대화가 끝나기가 무섭게 콜택시가 도착했다. 이른 아침에 부인을 감싸고 차에 오르는 영식씨의 가슴이 오늘따라 더 넓어 보인다. 발뒤꿈치에는 세상에 익숙하지 못한 어색함도 따른다.

영식 씨와 나의 대화는 대부분 '거시기'로 시작해서 '거시기'로 끝났다. 평소에도 그와의 대화는 대개 이런 식이다. 그래도 그의 말뜻을 못 알아듣는 일은 없다. 배움은 짧아도 찌들지 않은 맘씨가 편하게 내 가슴에 자리 잡곤 했다.

동네에서 '거시기'는 영식 씨를 편하고 쉽게 알아 들 수 있는 이름이다. '영식이' 대신에 '거시기'로 불러야 동네 사람들끼리도 잘 통한다. 부부 동반으로 동네 모임이라도 하는 날이면 영식 씨는 자주 지각한다. 그에 맞추어서 모임 시간을 늦추어 잡아도 더러 늦을 때가 있다.

그럴 때면 익살스런 누군가가 웃음보를 터뜨려 분위기를 확 바꾸어 놓는다.

"거시기 양반만 오면 다 모였네요. 우선 우리끼리 '거시기' 합시다."

한바탕 폭소가 터지고 분위기는 조곤조곤 대화로 번진다. 식사가 한창일 무렵에 영식 씨가 어색한 얼굴로 들어선다. 계면쩍어 낯붉히는 모습은 그만의 전유물이다.

"미안해요. 공장일이 좀 거시기해서 늦었네요."

항상 반복되는 그의 레퍼토리니까 누구 하나 '이러쿵저러쿵' 토를

다는 사람도 없다. 수줍어하는 부부의 동행이 오히려 김씨답게 순박하다. 말수가 적어 약간은 어눌하게 보이지만, 민첩하지 못한 순박함이 천년바위처럼 미덥다.

영식 씨는 자동차정비공장에 다닌 지가 40여 년이나 된다. 하지만 차량 내부의 첨단 전자기기는 영식 씨와는 거리가 멀다. 주로 자동차 바퀴며 풀린 나사 조임 등 하체부만 전담한다. 그 분야에서는 최고의 기능을 인정받는다. 사람들이 그를 보기에 좀 '거시기'할지 모르지만 착한 삶에 허접스런 것은 발견할 수 없다.

다섯 살도 되기 전에 부모를 여의고 고모님 댁에서 자랐다. 그의 학력이나 집안 내력까지야 알 필요도 없으려니와 알 수도 없다. 하지만 성실한 성품이 그를 푸근한 가슴으로 거시기하게 된다.

지난겨울 몹시 강치를 한 날 아침이었다. 차고의 자동차가 시동이 걸리지 않았다. 허물없는 이웃사촌 영식 씨가 멈춤 없이 안도의 가슴으로 들었다. 다급하게 달려 온 영식 씨가 엔진룸을 열고 이것저것 살피더니 한마디 한다.

"배터리가 거시기해서 그런가 보네요."

"그럼 어떡하지? 지금 타고 나가야 하는데…."

"거시기는 들었지요? 전화하면 금방 차가 와서 거시기해 줄 텐데요."

보험서비스센터에서 보낸 기사가 바로 처치를 해줘 졸이던 가슴이 평온을 찾았다. 착한 영식 씨는 서비스센터기사에게도 신신당부를 잊지 않았다.

"잘 보고 거시기한 것이 있으면 꼼꼼하게 봐 드려!"

영식 씨와 사귀다 보면 날뛰거나 앞질러 가는 세련미 같은 것은 볼 수가 없다. 순수하고 때가 묻지 않은, 조금은 느리고 겸손한 마음이 비단결이다.

고향마을 가는 길에 잠시 변산 해변을 돌다 보면 '거시기'란 간판을 단 식당이 있다. 모항 앞바다를 바라보는 언덕바지에 이름처럼 다소곳하다. '거시기'란 이름만으로도 티 없는 주인의 성품으로 읽혔다. 황토 담장이 무명 치마를 두른 큰형수님을 닮았다. 투박한 뚝배기에 담긴 새콤한 묵은김치가 입맛을 당길 법한 식당이다.

'거시기'는 전라도 지방의 사투리쯤으로 여기는 사람이 많다. 혹시 누군가가 '거시기'라는 말을 꺼내기라도 하면 전라도 사람이라고 업신여길지 모른다. 그런다 해도 '거시기'는 소박한 향토색이 스며있는 표준어다.

'거시기'는 이름이 얼른 생각나지 않거나 바로 말하기 곤란한 사람 또는 사물을 가리킬 때 쓴다. 하려는 말이 쉽게 생각나지 않아 난처할 때 쓰는 군소리쯤으로 여기면 된다. 사물이나 생각이 분명하지 못할 때가 있다. 그런 사람도 더러 있다. 이처럼 순발력이 남과 같지 못해서 어물어물 하는 사람의 언행을 '거시기하다'고도 한다.

재주가 많은 사람은 세상을 팽글팽글 돌리며 잘도 살아간다. 그렇지만 날쌔게 제몫을 챙기고 순간을 모면하는 사람한테는 얼른 다가

가기가 껄끄럽다. 사람에 따라서는 어떤 경우에 임기응변식으로 둘러대거나 회피하기도 한다. 그로 인하여 상대방에게 불쾌감이 들거나 낭패를 볼 수가 있다.

순수한 토박이처럼 '거시기'한 사람에게 호감이 간다. 특히 우리 동네 영식 씨처럼 '거시기'한 사람은 편해서 좋다. 번쩍이는 지혜보다는 '거시기'한 말과 행동이 두터운 믿음으로 다가오기 때문이다.

사람이 살다 보면 어떤 불가피한 상황에 놓이는 경우가 더러 있기 마련이다. 딱히 어떻게 처리하고 응답해야 할지 난감하지 않을 수 없다. 이런 때 함께 공감할 수 있는 응답이 '거시기'가 아닌가 싶다.

일회용 면도날

아침이면 세면대에서 대면하는 면도날이지만, 그 까칠한 모양새는 입에 올리기에도 민망하다. 감히 만져보자니 겁이 나고, 조심스럽게 다루어야 한다. 자칫하면 내 몸의 어느 한곳이라도 상처를 낼 것만 같아 두렵기도 하다. 이런 까칠한 쇠붙이를 허물없이 손에 쥐어보기나 할까, 호주머니에 넣고 다니기나 할까. 허물없이 아무 데나 두고 불러들일 수도 없고, 참말로 부담이 되는 물건이다. 그러고 보니 세상만사가 남의 눈에 들려면 외모는 일단 동글동글 모나지 않아야 하는가 보다. 생김새로 봐서는 일회용 면도기를 닮지 않아야 한다는 이야기다.

하지만, 일회용 면도날의 생김새가 까칠하다고 성격도 남을 해칠 만큼 난폭하다는 이야기는 들어본 적이 없다. 두께가 얄팍하고 예리해서 성품이 얍삽하다거나 잔꾀를 부린다고 입소문으로라도 듣지 못했다. 어디 한 번이라도 독한 맘으로 누구를 해치려 한 일로 감옥에 갔다고 쑤군대는 소리일지라도 소문난 적이 없다. 일회용 면도날이 상처를 입혀 병원에라도 가고 신문, 방송에 나올 만한 큰일을 저지르기라도 한 일이 있었던가? 하다못해 불편한 심기를 한 번이라도 드러내 보인 적도 없다.

오늘처럼 제자의 결혼식에 주례를 서는 날이면, 내 얼굴의 꺼끌꺼끌한 터럭을 누가 밀어내 줄 것인가. 일회용 면도기가 아니면 대중 앞에 얼굴을 내밀어야 하는 내 체면을 누가 세워줄 것인가. 하기야 요즘 전동면도기가 있어서 쉽게 면도를 할 수 있으니 안전하고 빠르게 얼굴을 다듬을 수는 있다. 전동면도기의 날은 몸체 안에 있어서 보기에 부드러울 뿐 아니라 안전하기도 하다. 어디 그뿐일까. 곡선미가 있는 몸체에 색깔도 오색 무지개를 닮아 사람들의 시선을 끌 만도 하다. 언뜻 보기에 편리하고 날렵한 전동면도기의 매력이다.

하지만 전동면도기는 외모가 매끈하여 거부감이 없다고 하지만, 필요할 때마다 들고 다니며 사용하기에는 만만치 않다. 우선 값이 워낙 고가다. 또한 부피가 크고 무거워서 들고 다니기에 불편하다. 일회용 면도기처럼 귀털이나 귀밑처럼 옹색한 곳을 맡기기에는 어림도 없다.

이런저런 이유로 일회용 면도기는, 사람들의 외모를 다듬는 데 허물없이 쓰고 버릴 수 있는 물건이다. 일회용 면도기만이 남이 하지 못하는 재능을 지녔음을 인정해 주어야 하지 않을까? 오직 주인이

하자는 대로, 묵묵히 제 할 일을 하는 올곧은 사람의 성품을 닮았다.

애먼 소리를 들어도 귀머거리 삼 년, 벙어리 삼 년 하며 용케도 참아내던 우리 어머니들의 새댁시절이 이랬을까. 일회용 면도기와 대면할 때마다, 그 깔끔함과 성실함에 감탄하지 않을 수 없게 된다. 혹시 어떤 사람은 일회용 면도기야말로 '불가근불가원不可近不可遠'할 수밖에 없는 물건이라고, 그의 존재를 껄끄럽게 여길 사람도 있을지 모른다.

나는 일회용 면도기를 아침마다 대면하고 고마워한다. 나처럼 하루만 게으름을 피워도, 온 얼굴이 원숭이 얼굴은 저리 가라고 할 만큼 덥수룩하다. 이 면도기가 아니면 사람들이 나를 상대나 할까. 그러니 어디 출장이나 여행을 갈 때면 우선 이 면도기부터 챙긴다. 혹시라도 잊고 왔다면, 가까운 편의점에 가면 쉽게 구할 수 있는 게 일회용 면도기다. 나처럼 게으르고 까먹기를 잘하는 사람에게 딱 맞춤이다.

일회용 면도기는 이름대로 얼굴에 돋아난 수염을 밀어주는 일을 한다. 이를테면 부모님 산소에 돋아난 잡초를 제거하는 예초기와 같은 역할이다. 내 얼굴을 뒤덮는 껄끄러운 터럭들을 지워주는 청소기와도 같다. 덥수룩한 얼굴이 면도기가 지나가면 말끔한 본모습을 찾게 된다. 강철을 갈고 다듬어서 만든 단단한 면도날이 왜 일회용이라는 불명예를 안고 사는 걸까. 그것은 전장에서 장렬하게 전사하는 병사처럼, 부러질지언정 적당히 타협하거나 굽신거리지 못하는 강직한 성품 때문이 아니겠는가.

일회용 면도기는 얼굴에 난 수염만 밀어주는 게 아니다. 미스코리아나 미스월드에 출전할 미인들, 배우들의 겨드랑이까지 찾아가 제모를 하고, 장딴지에 난 명지도 깔끔하게 제거해주는 참 고마운 존재다. 그러고 보면, 일회용 면도날처럼 외모가 좀 험하다거나 인상이 곱상하지 않다고 마음도 험한 것은 아닌가 보다.

오래전부터 단골로 다니는 대중목욕탕의 세신사洗身士와 더없이 가까운 사이로 지낸다. 그는 등 밀어주는 일을 마치고는 내 발바닥을 허투루 보지 않는다. 두꺼운 굳살을 남 보듯 내버려 두지 않고, 꼼꼼하게 공을 들여 벗기고도 모자라 매끈한 돌로 다듬듯 문지른다. 그런 뒤에는 또 주무르고, 주먹으로 탁탁 두드리며 안마까지 한다. 내 발바닥도 이런 사람을 만나 호강을 한다. 고마운 마음이 드는 것은 당연하다.

세신사의 성실성은 여기에서 멈추지 않는다. "뒤꿈치에 각질을 벗겨야겠네요."라며 군데군데 놓여있는 쓰레기통에서 일회용 면도날 하나를 주워 들고 온다. '발바닥에 때만도 못한 일'을 일회용 면도날한테 맡기려는 것인가? 세신사가 면도날을 들고 엄지발가락부터 발바닥을 지나, 뒤꿈치까지 긁듯이 벗기고 또 벗긴다. 덕분에 발바닥이 손바닥만큼이나 매끈하다. 인상은 좀 우락부락하게 보여도 마음은 비단에 비할 바가 아니다.

일회용 면도날은, 뭇 사람들을 상대하는 데 자신의 처지와도 같이 여겼을지. 손에 물 마를 날이 없는 사람들에게 일회용 면도날은 허허롭던 손에 쉽게 잡혀주던 친구와도 같지 않을까. 아마도 타는 속 대신 애꿎은 발바닥을 긁으며 힘든 삶을 토닥거렸을지도 모를 일이다.

내 발바닥을 사심 없이 밀어준 면도날은 다시 쓰레기통으로 던져진다. 사람들이 필요에 따라 부려 먹고도 일말의 고마움을 모르고 버려지는 면도날이다. 혹시 맘씨 착한 사람을 만나 좋은 데로 분리수거되어 갈지, 그의 앞날을 상상해 본다. 금이나 은 등 고급 쇠붙이와 한 몸 되어 첨단기기로 환생이라도 하지 않을까.

우리 속담에 "쥐구멍에도 볕들 날이 있다."고 했으니, 일회용 면도날도 '짱' 하고 볕이 들 날이 올지 그의 장래가 궁금해진다.

망가진 자전거

애지중지하는 자전거가 큰 상처를 입었다. 아침에 서울에 가는 버스를 타면서였다. 혹시라도 남에게 불편을 줄까 봐, 또 어떤 구실로 상처라도 받지 않게 안전한 곳에서 기다리도록 했었다. 버스터미널 옆 고추가게 모퉁이에 세워둘 때만 해도 설마 했었다. 그러나 설마 했던 기대는 실망으로 바라보아야 했다. 오후에 돌아와서 보니 앞바퀴는 예리한 쇠꼬챙이로 몇 군데나 찔리고, 핸들은 비틀리어 있었다. 발목이라도 꺾인 듯 주저앉아 버릴 것 같았다.

상처투성이 자전거를 부축하여 터미널에서 집까지 오리가 넘는 길을 걸었다. 흉하게 찌그러진 핸들을 사정하듯이 부여잡고 뒷바퀴에 의지하여 걷는 마음은 치밀어오는 울화뿐이었다. 그 이후로 자전거는 차고 뒤 구석에서 고물 신세가 되었다. 먼 거리에 있는 자전거포까지 또 끌고 가기가 심란하여 미루고 있었다. 물론 나의 게으른 성격 탓이지만, 아무튼 자전거를 보면 화가 나곤 했다.

내 자전거는 요즘 젊은 사람들이 레저용으로 타는 그런 고가품은 아니다. 그렇다고 이웃 기술 뒤진 나라에서 들여온 싸구려 자전거로 보면 서운해할 일이다. 내 딴에는 가볍고 날렵하며 신세대 느낌이 들 만한 것으로 샀다. 제법 큰맘 먹고 샀기에 애지중지했다. 그런 자전거가 무용지물이 되었으니 아내는 서둘러 수리점에 가보라고 하지만, 나는 마음이 얼른 내키지 않아 미루기만 하였다. 아직은 그리 급할 일 없고 운동 삼아 웬만한 일은 걷거나 차를 이용하면 그만이라는 생각이 가로막고 있다.

오늘은 마침 어제까지 내리던 비가 그치고 별 할 일도 없는데, 옆집 김 주사가 충렬사공원이라도 오르자 해서 따라나섰다. 집에서 그리 먼 거리는 아니니 갈 만하다. 중간쯤 올랐을까. 길옆 잔디밭에서 내 또래쯤 되는 부부가 체조하고 있다. 마구잡이식으로 돌리고 흔들고 구부리며 주무르는 행동이지만 운동은 충분히 될 것 같았다. 더구나 부부가 호흡이 척척 맞는 것을 보니 자주 와서 하는 운동인가 보다 싶기도 했다.

우리는 한숨을 돌리고 천천히 오륜정을 향하여 오르기 시작했다. 그런데, 방금 아래서 보았던 또래 부부도 올라오고 있었다. 자리를 잡자 여자가 남편의 오른쪽 신발 끈을 풀고 있는데, 여름에 웬 부츠인가? 의아해서 보니 의족이었다. 무릎에 송골송골한 땀을 닦아내고 소독을 하는 것을 보고 가슴이 먹먹해졌다. 한쪽 다리가 없어도 불평 없이 살아가는 남자를 보며 부끄러운 생각이 스쳤다. 고장 난 자전거를 두고 몇 날을 불평 속에 지낸 나 자신과 대비되었다.

그 순간, 어디서 들었을까, 책에서 보았을까? 기억 속에 숨어 있던 바덴이라는 사람이 내 가슴을 열고 불쑥 들어왔다. 가난한 독일 사람 바덴이 허름한 여관에서 아침에 나오니 신발이 없어졌다. 그는 몹시 화가 나 참을 수가 없어 투덜댔다.

“아니, 하필이면 나 같은 가난한 사람의 구두를 훔쳐 가다니 이럴 수가 있어?” 날뛰고 노발대발 화를 냈지만 어찌할 도리가 없어서 할 수 없이 여관에서 신발을 빌려 신었다. 그날은 마침 일요일이어서 교회에는 나갔어도 화는 풀리지 않았다.

그런데, 아직도 부아가 난 기분으로 기도하려는 그의 옆에 열심히 감사기도를 올리는 신자가 있었다. 간절히 기도하는 그를 보며 자신도 감동에 빠져들었다. 그 사람은 두 다리가 없었다. 자신은 한 다리도 아닌 두 다리가 다 있는데도 그까짓 신발 좀 없어졌다고 노발대발하다니 부끄러워 옆에 앉아 있을 수가 없었다.

이 일을 교훈으로 삼아 생각이 바뀌니 인생 또한 새롭게 보이는 것 같았다. 세상을 감사하는 마음으로 살아야 마음에 행복의 햇볕이 찾아든다는 것을 깨달았다. 고장 난 자전거를 두고 마음고생을 하던 나 자신을 되돌아봤다. 앞에서 의족으로 산에 오른 남자와 바덴의 이야기를 들으니 좁은 마음에 감사할 줄 모르고 살아 온 삶이 허상이었다. 자전거는 마음에 달려 있다는 생각이었다. 내가 사용할 수 있는, 세상 모든 것이 자전거가 될 수 있다고 보았다.

어쩌다 자전거가 고장이 나서 탈 수 없다고 며칠 동안이나 코를 빠뜨리고 두런대던 내 모습이 한심스럽게 작아졌다. 나보다 높은 곳에서 사는 사람들만 보면 나는 평생을 불행한 사람으로 살다가 갈 것이라는 생각에 놀라웠다.

나보다 열악한 환경에서 일하는 사람, 헐벗고 굶주리면서 손을 내미는 사람들을 외면하지는 않았던가. 의식주조차 해결하지 못하여 손을 벌리는 사람을 생각이나 해봤는지, 나만이 불쌍하다고 탄식했는지 되돌아보게 되었다. 작은 일에 실망하지 않고 나보다 낮은 곳에서 고통받으면서도 만족하고 감사하는 사람들에게서 배우는 자세로 살아가야겠다는 다짐을 했다.

이제야 마음에 평온이 찾아들고 시가지에 내려앉은 안개가 건물들 사이로 곱게 들어앉는다. 눈 부신 태양 아래로 두 발이 번쩍이는 자전거처럼 걸음걸이가 가볍다.

카톡TALK으로 길을 잇다

올 추석에도 형님들과 조카들이 한자리에 모여 부모님 성묘를 했다. 한 뿌리에서 나온 자손들끼리도 쉽게 만나고 오가기 힘든 게 요즘 세상 아닌가. 멀리 떨어져 사는 핏줄이 오랜만에 한자리에 만날 수 있어 다행이다. 그러나 이런 만남은 항상 곁에 있지 않다. 잠시 머물러 있다가 기약 없이 각자의 둥지로 떠나버리면 아쉬움만 남는다.

성묘를 마치고 외변산자락에서 내려다보는 고향마을은 예나 다름없이 평화롭다. 이럴 때면 가슴 속 깊숙이 숨겨져 있던 동심을 꺼내어 들여다보게 된다. 그 많던 친구들은 다 어디로 갔을까. 고향 집으로 오르던 잔등길도 내 가슴에는 덤불만 무성하다. 길은 다 사라지고 아련한 기억만이 추억 속에 맴돈다. 자주 길을 찾아 오갔더라면 지금처럼 그리움에 허덕이지는 않으리라 생각하니 안타깝기만 하다.

사라진 저 너머에서 지난 세월이 어린다. 나는 소년에서 멀어지는 동안 앞만 보고 걸어왔다. 한 길로, 길 중앙으로만 걸었다. 누군가와 만난다 해도 곁눈질 한 번 주지 않고 앞만 보고 왔다. 그러는 사이에 하나둘 친구들이 멀어져가는 낌새도 눈치채지 못했다. 오히려 내 길이 다 옳은 양 의기양양했으니 부끄러움만 앞선다. 인적이 끊긴 길에는 빗물에 밀려온 낙엽과 삭정이들이 제멋대로 쌓이기 마련이다. 그 속으로 스멀스멀 벌레가 기어들어 자리를 잡는다. 온통 가시덤불이 덮어 길과 언덕을 구분할 수 없게 된다는 것을 왜 몰랐을까.

우리가 살아가는 동안에 수없이 많은 길로 오가고, 때로는 거기에 매달려 삶을 이어간다. 제멋대로 흐르는 세월 속에 생각 없는 몸만 맡겨 두었더니, 길은 하나둘 끊어지고 말았다. 이런저런 소문도 없이 사라져간 것 같다. 희미해지는 세월만큼이나 그 많은 길이 잊히고 끊겼다. 지금도 사라지고 있다고 생각하면 두렵다.

다행히도 요즘 들어서 몇 안 되는 친구와 옛 직장동료, 제자들과 카톡을 타고 인연을 이어간다. 아직은 그립고, 보고 싶은 잔정이 있어 찾는 길일 게다. 여기에는 진솔한 바닥을 드러낸 안부가 있다. 비록 그것이 가상의 공간에서 매개로 이루어지지만, 나는 전혀 그런 느낌을 받지 않는다. 오히려 그 속에서 따뜻한 우정으로 껴안고 살포시 가슴에 담곤 한다. 건조한 기계음 속에서도 우정과 사랑이 담긴 따뜻한 체온을 느낀다.

나는 젊은이처럼 스마트폰을 제대로 사용하지 못한다. 내가 알지 못하는, 굳이 알 필요조차 없는 것들이 수도 없이 들어있다. 그렇게 많은 기능을 알아두면 어느 정도는 필요할 테지만, 몰라서 불편하거나 시빗거리도 되지 않는다. 그렇지만 카톡은 가장 기다려지는 친구처럼 여기고 함께 살다시피 한다. 덕분에 잊힐 뻔했던 친구들과 안부라도 주고받으며 산다. 먼 곳에 살고 있어서 얼굴을 맞대고 웃음을 나눌 수는 없지만, 그 옛날 우정은 되살아난다.

어디 그뿐일까? 40여 년간 교직에 있으면서 나와 인연을 쌓았던 제자들과 주고받는 대화는 카톡이 아니면 감당할 수 없는 소통의 길이다. 더욱이 학교별 또는 졸업기수별 단체카톡방은 꼭 젊은 날의 교실 분위기를 내 안으로 들여온 느낌이다. 고함지르고 싸우며 깔깔대던 그 시절이 생생하게 그려지는 게 단체카톡방이다.

얼핏 들으면 '카톡'은 눈치를 모르는 철부지와도 같다. 때와 장소를 가리지 않고 나를 불러댄다. 신문이라도 들춰 보는 등 좀 한가한 시간을 가지려 들면 "카톡 카톡" 잠시도 틈을 주지 않는다. 이런저런 모임이나 자동차 운전을 하고 있을 때도 예외를 두지 않는다. 이런 철부지의 응석에 주위의 눈치를 보게 되고, 한밤중 잠든 아내가 놀라 깨기도 한다. 실은 나 자신도 성가실 때가 더러 있기는 하다. 그래도 우리 집 문턱이 닳을 만큼 허물없이 드나드는 친구로 사귀며 반갑게 맞이한다.

카톡은 우정을 담은 보자기를 들고 달려온다. 작은 것 하나라도 감출 것 없이 허물없는 심부름꾼이다. 멀리 떨어져 사는 어릴 적 친구가 그리워질 때면 소년의 시절로 데려다 주기도 한다. 물과 기름 같은 사이를 녹이어 하나로 풀어 흐르는 길이 되어준다. 그러니, 소소한 이야기까지도 기대를 안고 들여다보지 않을 수 없다.

이제라도 사방이 가시덤불로 막힌 외톨이 신세는 벗어나려나 싶다. 잊고, 잃을 뻔했던 길을 번들하게 가꾸어 사는 게 삶의 기쁨이 아닐까. 오래전부터 나 있던 길도 인적이 끊기면 가시넝쿨만 무성하다고 했다. 나를 낮추어 먼저 달려가 찾으면 길은 더 많이 트일 것이다. 내 마음의 창을 열고 잃어버릴 뻔했던 이웃들의 마음을 두드려본다. 두드리면 열린다는 말을 믿고 카톡을 앞세우면 길은 닦아지리.

성황산의 4계四季

성황산은 어릴 적 고향 뒷동산이나 다름없다. 가벼운 산행이나 시간에 여유가 있을 때면 찾곤 하는, 허물이 없는 산이다. 나하고는 뗄 수 없는 인연으로 쌓여왔다.

"여보, 날씨가 포근해졌어요…."

성황산에 오를 때면 항상 그랬듯이, 아내의 호들갑이 먼저고 재촉은 다음이다. 우리는 성황산으로 향했다. 성황산은 우리 부부에게는 이웃처럼 허물이 없으니까.

산에 와 보니, 겨울이 꽤 많이 멀어져 갔다. 약수터 입구 응달에만 눈썹처럼 길쭉하게 눈이 조금 남았다. 눈썹 같은 잔설을 모르쇠하고, 산모롱이에는 벌써 진달래가 봉오리를 터트렸다. 앞서가는 아내가 셀카로 '찰칵' 사진 한 컷을 담는 모습을 보니, 봄이면 애 어른이 따로 없다. 들뜨는 마음은 봄의 전유물인가, 아내의 얼굴에도 분홍빛으로 피어난다.

“아이 미끄러워, 여보 당신도 조심해. 여긴 응달이라 눈 녹은 물이 질퍽해요.”

아닌 게 아니라 응달진 골에 눈 녹은 물이 흐른다. 저렇게 느린 물이 언제 누구의 목마름을 축여줄까? 걱정도 팔자다. ‘툭’ 누가 나를 부르는 걸까? 잎을 트는 소리가 귓전을 파고든다. 아닌 게 아니라, 목마름을 추긴 상수리나무다.

아, 개복숭아가 바로 옆이다. 작년에 익지도 않은 열매를 서른 개도 넘게 따갔다. 미안한 변명 같지만, 아내가 시켜서 한 일이다. 술에 담갔다가 일 년쯤 지나면 신경통에 좋단다.

그러고 보니, 저녁때는 개복숭아 담근 술을 걸러야겠다. 아무튼 날이 풀리면 모두가 바쁘다. 논밭 갈고, 거름 주어 씨 뿌린다. 모두가 희망을 심는다. 봄은 희망이고 새로움이다.

오늘은 산 정상에서 시가지를 내려다보았다. 천변로에 벚꽃이 세상을 바꿔놓았다. 저 하얀 세상, 내 메주 머리로는 그릴 수 없다. 글쟁이가 제대로 그릴 것이다.

“여보, 날이 너무 더워요.”

아내의 호들갑이 먼저고 재촉은 그다음이다. 우리는 더위를 핑계 삼아 성황산으로 향했다. 성황산은 우리 부부에게는 허물이 없으니까.

나무들도 더위에 지쳤나? 내리붓는 햇볕에 나뭇가지도 축 늘어졌다. 모두 낮잠에 빠져들었다. 잎들은 끄떡도 없다. 그늘도 더위를 식히지 못한다. 바람은 어디쯤 그늘에 쉬고 있을까? '찌르 찌르르' 그래도 매미가 살아있는 산을 노래로 불러준다.

"아니, 저건 뭐야?" 산딸기가 빨갛게 모습을 드러내 보인다. 이게 복분자네 시조 할아버지인데, 손자에게 자리를 빼앗겼다. 풍족한 것만 바라는 세상이니, 그러려니 하며 살아가는 산딸기다. 역시 맛은 산딸기다. 횡재 만난 우리는 정신없이 따 먹는다.

더위를 피해 정자에 앉는다. 하늘목장에 양떼구름이 몰려온다. 소나기라도 한줄기 시원하게 퍼부어주면 천당에 갈 텐데. 내가 생각해도 억지 같은 소리다. 뚝 뚜 둑 뚝 뚝 뚝, 비가 물이 되어 떨어진다. 지붕에도 상수리나무 잎에도 물방울이 튀었다. 아니, 이게 웬일인가? 빗줄기가 이렇게 굵은 건 처음이다. 물줄기다. 나무들이 고개를 들고 숨을 쉰다. 이제야 숨어 있던 풀잎들도 나선다. 세상이 생기가 돈다. 푸른 산이 더 푸르다. 바람도 언제 왔는지 나무와 빗줄기까지 흔들어댄다.

"여보, 마당에 감나무 잎이 빨갛게 물들었어요."

아내의 호들갑이 항상 먼저고 재촉은 그다음이다. 우리는 성황산으로 향했다. 성황산은 우리 부부에게는 허물이 없으니까.

바스락, 낙엽 밟는 소리가 정겹게 추억을 부른다. 아얏, 머리에 뭐가 툭 떨어진다. 아, 도토리다. 그럼, 알밤도 여물었을 텐데? 오늘은 밤나무길로 걸음이 좀 바쁘다. 아내가 힘에 부치는지 낮은 소리로 말한다. 톤이 낮은 아내 말에 가슴이 철렁 가라앉는다.

"여보, 뭐가 그리 급해요, '싸드락 싸드락' 우리 걸음으로 걸어갑시다. 욕심 버리고…."

멈칫, 걸음을 늦추었다. 늦춘 게 아니라 멈춰 섰다. 다람쥐 한 마리가 바로 앞에서 뛰뛰듯 나무에 오른다. 아, 하마터면 저 녀석들의 겨울 식량을 빼앗을 뻔했다.

정상에 올랐다. 하늘은 여름보다 높고 멀게 보이는데 색깔은 짙다. 가을하늘은 호수만큼 깊은가 보다. 들녘은 토실하게 익은 알곡들로 누렇다. 가을은 배부른 계절이다. 보기만 해도 넉넉해진다. 옻나무 잎이 빨갛게 물들었다. 가을산은 울긋불긋 색깔이 여러 가지다. 역시 가을은 색깔로 온다. 아내도 이제 가을을 타는가. 은빛 머리가 석양에 반사되어 가슴을 덧씌운다.

"여보, 밤새 눈이 많이 내렸어요."

아내의 호들갑이 먼저고 재촉은 그다음이다. 우리는 성황산으로 향했다. 성황산은 우리 부부에게는 허물이 없으니까.

약수터 입구에는 항상 눈이 깊게 쌓인다. 옆을 지나 산에 오른다. 너무 일찍 서둘렀나? 내 발자국이 처음이니까 신중해야 한다. 안전한 곳을 잘 봐서 발을 내디뎌야 한다. 뒤따라오는 사람들도 내 발자국을 밟고 오를 테니까. 선배가, 어른이 뭔가? 길 안내를 제대로 해야지.

아내가 눈 세례를 받았다. 왕솔나무 가지에 얹혀 있던 눈덩이가 하필 아내에게 쏟아졌다. 축복이라 생각했다. 우리의 웃음소리에 산도 메아리로 맞장구쳐준다. 다람쥐 한 쌍이 눈 위를 뛰어간다. 가을에 밤을 따지 않아 미안해할 필요는 없다. 정상에 오르니 세상은 눈 이불을 덮고 있다. 사람들은 포근한 겨울을 날 것이다.

집에 오자마자 아내가 누워 앓는다. 오늘 무리한 산행으로 몸살감기다. 마침 감기약이 있어 먹이고, 자리에 눕히니 잠이 들었다. 팔베개로 아내를 끌어 곁에 누워 본다. 손을 잡아 내 가슴에 얹었다. 까칠한 손이 인자한 어머니의 모습이다. 선생의 아내로 4남매를 잘 키워 준 아내가 새삼 고마웠다. 콧등이 시큰하다. 아내가 지그시 눈을 뜨더니 심부름인지, 부탁한다.

"여보, 봄에 찍은 진달래꽃, 내 사진 좀 보게 폰 좀 줘 봐요."

폰 속에서, 진달래꽃을 친구로 자신을 보는 아내 입가에 잔잔한 미소가 번진다.

"여보, 내년에도 이 꽃을 볼 수 있을까?"

무슨 말을 해야 할지, 세월은 기다려주지 않으니까. 그냥 '우리는 아름다웠다고, 참 잘 살았다고.' 그럴까? 자연은 계절에 따라 바뀌면서도 우리 부부에게 변함없이 아름다움을 선물한다.

발바닥은 흙수저인가?

목욕탕에 가면 때를 밀어주는 사람이 있다. 직업의 역사가 오래지 않은 탓인지 세신사洗身士라고 부르는 사람은 드물다. 그래도 이런 사람에게 몸을 맡기면 능숙한 손놀림으로 목에서 발바닥까지 나와 상관없는 허접을 벗겨 말끔하게 흘려보낸다. 그 자상한 손길 덕에 마음속까지 개운해지고 전문가답다는 감탄을 숨기지 못한다.

성격이 외골수인 나는 한 번 사귄 사람을 놓아주지 못한다. 이발소와 세탁소, 공중목욕탕도 처음 발을 들여놓고서 어지간하면 옮기지 않는다. 혹시 마음에 들지 않으면 다음에 고쳐서 잘하면 될 일이다. 내 앞에 손님이 밀려있다고 서두르지도 않는다. 시간은 흐르기 마련이니, 좀 졸거나 신문을 뒤적이며 느긋이 기다리면 그만이다.

이처럼 단골로 사귀다 보면, 이발사나 세신사는 내 신체 특성을 속속들이 알게 된다. 성격과 취향까지 알아서 내게 맞춰서 깎고 씻어

준다. 내 신체에 관한 한 이들보다 더 잘 아는 사람이 없을 정도이니 딱 맞춤이 아닐까? 남들이 쉽게 넘보지 못하는 직업을 가진 사람은 대개 '사士'자를 붙여 그 분야의 전문가로 여긴다. 이런 전문가는 ○○기사, 판사와 변호사, 공인회계사 등 종류도 많다.

오래전부터 단골로 다니는 목욕탕의 세신사와 더없이 가까운 사이로 지낸다. 그는 특히 내 발바닥을 남다르게 보는지, 두꺼운 굳살을 내버려 두지 않는다. 일회용 면도기로 꼼꼼하게 공을 들여 벗기고도 모자라 매끈한 돌로 다듬듯 문지른다. 그리고는 또 주무르고, 주먹으로 발바닥을 탁탁 두드리며 안마까지 해준다. 내 발바닥도 이런 사람을 만나 호강을 한다. 미안한 마음이 드는 것은 당연하다.

사실이지 내 몸에서 어느 기관이나 부분이 더 중요한 것은 아니다. 발바닥도 나름대로 중요한 일을 한다. 관심에서 멀리 떨어져 있으니 보이지 않을 뿐이다. 신경이 무디어 자신을 드러내지도 못해 관심을 끌지 못한다. 무거운 몸뚱이를 짊어지고 다니면서도 어디 군소리 한번 했던가? 걷는 길이 자갈밭이나 진흙길이더라도 발바닥은 불평 한마디 않는다.

대신 가장 호강을 누리는 것들은 모두 내 얼굴에 모여있다. 세상을 가다 보면 고운 빛, 좋아 보이는 풍경은 눈이 먼저 호사를 누린다. 아름다운 선율이 흐르면 귀가 쫑긋하고, 꽃향기 그윽한 계절이면 코가 벌름벌름 한 줌이라도 더 맡으려 발싸심한다. 어디 그뿐인가? 잔치마당에 가면 맛있는 음식은 입이 죄다 독차지한다. 발바닥은 닳도록 짊어지고 걸어왔을 뿐, 언감생심 올려다볼 엄두도 못 한다.

이런 호사가 누구 덕인지 눈과 코, 입은 고마운 줄을 모른다. 어쩌다 발바닥이 헛디디기라도 하면 잘난 입이 그냥 넘기지 않는다. 잘못은 모두 발바닥의 탓으로 돌린다. 온몸의 무게를 짊어지고 평생을 살아야 하는 게 발바닥의 팔자로만 여긴다.

요즘 세상에 '발바닥 밑에 낀 때만도 못한 인간'으로 차별하는 사람이 있나 보다. 얼굴과 발바닥은 하늘과 땅 차이만큼 크다고 여기기 때문일까? 자기 나름의 눈높이로만 세상을 보는 사람들이 편을 가르지는 않는지 모를 일이다. 굳이 금수저, 흙수저를 들먹이지 않아도 발바닥은 흙수저 취급을 받는다.

얼마 전에 어느 아파트 주민들이 경비원을 홀대하여 사회적으로 걱정이 된 일이 있다. 삶은 풍요롭고 편리해졌어도, 대화가 끊겨 이웃 간에 건조한 바람만 부는 것 같다. 계층 간에 가슴을 열지 못하고, 마음으로 눈을 맞추지 않으니 단절감은 점점 더 깊어지는 것 같다.

눈이나 코도 제 몫의 일을 한다. 귀와 입도 내 몸에 없어서는 안 될 소중한 기관이다. 일에 귀한 것과 천한 것을 차별하여 사람까지 등급으로 매기는 게 될 법이나 한 일인가? 발바닥이야말로 차별이 없는 세상에서 인정을 받는 삶을 꿈꾸지는 않을까.

제 5 장

물처럼 바람처럼

어쭙잖은 사색에 빠져 있는데 갈 길이 바쁘다며 재촉하는 일행이 마뜩잖지만, 태어난 고향을 찾아가는 연어처럼 우리는 올라온 산길을 되 내려가고 있다. 빈손으로 왔다가 빈손으로 가는 인생길, 그림자 짙은 솔숲 자드락길을 물처럼 바람처럼 흐르듯 걷는다.

"고향 그리워 피ㄹ 닐리리"

5월의 짙푸른 들녘을 보면, 보리밭 두렁에 몸을 숨긴 채 보일 듯 말 듯 눈치를 살피던 문둥이 모자가 아련하다. 너른 들녘에 출렁이는 초록 물결 위로 힘겹게 넘었던 보릿고개가 어렴풋이 다가오는데, 돌팔매질을 당했던 그 문둥이 아이가 지금도 숨어 두려움에 떨고 있을까. 쑥버무리에 찬물 한 바가지로 허기진 배를 달래며 숨차게 넘었던 보릿고개. 흘러내리는 바지를 허리띠로 졸라매던 시절을 추억으로 더듬으며, 보리밭 사이로 시원스레 뚫린 길 따라 달린다. 올망졸망 작은 섬들 속에 소록도가 다가온다. 그 문둥이 아이가 나를 알아볼까도 겁이 난다.

예나 지금이나 5월이면 논밭은 이삭을 밴 보리가 초록 물결로 넘실거린다. 보릿고개는 사라지고 널찍한 풍요의 들판으로 변했다. 어둔한 시대의 보리밭 한 자락에서 천대를 받으며 상흔傷痕조차 드러낼 수 없었던 사람들이 모여 사는 소록도를 찾았다. 어둡고 차가운 세상에서 목숨만 부지하는 게 이들의 삶이었다. 나 또한 상처를 안겨 준 소년이 기억에서 생생한 지난날을 부끄러워하는 마음으로 이 섬에 왔다.

소록도는 크고 작은 섬들 사이를 비집듯이 울창한 수목에 은빛 모래 띠를 두른 채 놀란 아기 사슴처럼 침묵 속에 다소곳이 누워있다. 섬은 초입에서부터 푸르고 바다는 맑았다. 갖가지 나무들로 짙푸르게 단장을 하고 온통 나를 맞이하는 듯하다. 섬 안에 드니, 울퉁불퉁한 참나무들까지 손발이 거칠어진 이곳 사람들의 삶으로 그려 보였다. 그러나 부드럽고 색깔 고운 소나무들은 마음씨 착한 사람들로 다가오기도 했다. 그림 같은 적송과 아담한 해송이 매화, 철쭉, 진달래가 철 따라 피어 섬사람들을 달래주는가 싶기도 하다.

우거진 숲만큼이나 이름 모를 새소리가 솔바람과 섞이어 이 섬의 슬픈 역사를 들려주는 것이라 여기며 느실느실한 걸음으로 공원에 들어섰다. 소나무 잎 사이로 보리피리 소리가 새어 나와 통곡의 길에서 맴도는 성싶다. 아픔을 새겨 주는 수탄장愁嘆場이라는 곳이 그날을 말해주어서일까. 수탄이란 근심하며 탄식한다는 뜻이라 했다. 환자를 수용하는 곳과 미감아인 그 자녀들이 머문 곳을 구분하여 철조망으로 차단을 했던 장소다.

감염을 차단한다는 핑계로 부모와 자식이 한 달에 한 번씩만 만날 수 있었다니, 사람으로서 견디어 내기에 얼마나 시린 가슴이었을까.

가족으로서 부모 자식이 함께 살지 못하는 처지와 신병의 고통은 통탄의 눈물로 쏟아내지 않을 수 없었으리라. 채 두세 발도 넘지 못하는 좁은 길을 사이에 두고, 부모와 자식이 손을 뻗어 마주 보며 울부짖는 상황을 상상해 보았다. 부모가 자식을 안아보지 못하고, 자식이 부모의 품속에 안기지 못하도록 천륜을 갈라놓은 절규의 흔적은 오늘도 뜨거운 강물이 되어 그날의 아픔으로 흐르고 있었다.

몇 발짝 더 들어서니, 섬 안에 갇혀 헬 수조차 없는 사연들이 한으로 쌓인 더미 속을 훤히 들여다볼 수 있었다. 서러운 삶을 살아온 이들의 슬픈 이야기를 '날개 달린 천사탑'이 말해주고 있다. 환자들을 구원한다는 하얀색의 '구라탑救癩塔'이다. 천사의 두 날개가 유달리 넓고 환해 보인다. 혹시라도 내가 '문둥이 거지'라고 돌팔매질했던 그 아이가 천사의 품에 안기어 여기에 머물렀을지도 모른다는 생각에 미치자 마음은 과거로 치닫는다.

가까스로 마음을 달래며 그리 높지 않아 평평한 언덕 위로 올랐다. 융단처럼 푸른 잔디가 가지런한 길가에 길쭉이 누워있는 자연석이 눈에 들어왔다. 예사롭지 않은 바위에 새겨진 한하운의 「보리피리」가 발길을 붙잡는다.

> 보리피리 불며 풀 언덕 고향 그리워 피ㄹ 닐리리
> 보리피리 불며 꽃 청산 어릴 때 그리워 피ㄹ 닐리리

「보리피리」는 익히 알고 있는 터이지만, 이곳에 살던 사람들의 아

픔이 새삼스레 새겨지며 마음속 깊숙이 와 닿는다. 환자들의 천연한 삶이 파인 듯 가슴에 파고들었다. 사랑하는 가족과 고향을 등진 채 살아가는 이들의 삶이 생각할수록 애잔하다. 그들이 누구에게 무슨 잘못을 저질렀기에 천형이라 하여 멸시하고 천대했을까.

오랜 세월 침묵에 갇혀 있던 소외의 땅 소록도, 돌아볼수록 한센병 환우들의 설움이 구구절절이 배어 있다. 일제와 무지한 사람들에 삶을 앗긴 억울한 입장으로 그 시절을 짚어 보니, 가슴 속에 조여드는 음울한 기분이 비할 데 없을 만큼 버겁다. 옛 시절에 어른들은 아이들에게 보리밭둑길을 함부로 나다니지 말라고 했다. 우리는 '무서운 사람들(?)'을 만날까 봐 혼자서는 보리밭 근처에 얼씬도 하지 않았다. 하굣길에 보리밭 사이길 따라 작은 솔밭 그늘을 찾아 오르는 거지 모자母子를 보았다. 헝겊 같은 거무튀튀한 수건으로 얼굴과 손을 감싼 어머니와 누더기에 깡통을 들고 뒤를 따르는 내 또래쯤 되어 보이는 아이가 나를 힐끔 쳐다보았었다.

어른들의 말씀이 머리에 스치자 달아나듯 집으로 뛰었다. 어머니는 '용천배기'에 가까이 가면 큰일 난다며 조심하라고 하셨다. 혹시 동냥을 오더라도 나가지 말고 내쫓으라고 하셨다. 이런 걸인이 나타나면 온 동네는 한바탕 소동이 일곤 했었다. 철없이 우리는 돌팔매질하며 놀려대는 게 재미였다.

거지가 오면 보리쌀이든 밥이든 뭐를 줘서 보냈는데, 왜 이런 사람에게는 동냥을 주지 않고 옆에도 가지 말라는 것인지 알지를 못했다. 이제 세월 속에 보릿고개는 스러지고 묻히며 거지들도 어디론지 흔적 없이 사라졌다. 그리고 그 무섭다던 "한센병 환자들은 모두 소록도로 갔다."고 들었다. 그들의 맺힌 설움이 보리피리에 실려 와 가슴을 적신다. 천형으로 내쫓기던 문둥병에 걸려 피눈물을 쏟으며 원망으로 세상을 살다 간 '한하운'. 보리피리 불며 산과 들로 정처 없는 생을 이어간 인간이 어디 '한하운' 뿐이었을까.

어렸을 적 형제들과 뛰어놀던 추억은 한으로 맺히었을 것이다. 고향과 부모님에 대한 그리움은 피눈물이 되고도 남았을 것이다. 똑같은 인간으로 어울려 살고자 하는 간절한 소망이 보리피리에 실렸으리라 여기니, 옹송그렸던 회한이 아픔으로 담겨왔다. 이런저런 사연들에 생각을 얹어 소록도를 떠나오는데, 느닷없이 철없던 시절 돌팔매질을 당했던 그 거지 아이가 나타나 보리피리를 불며 뒤를 따르지 않는가.

"나는 문둥이가 아닙니다. 내 아버지가 문둥이입니다. 내 어머니가 문둥이입니다. 나는 문둥이 새끼입니다. 그러나 정말은 나는 문둥이가 아닙니다." 문둥이로 천대받던 어머니 뒤를 따르던 그 아이도 세상에 대한 원망으로 통한의 눈물만 쏟아내며 살았나 싶다. 맺힌 한이 그득한 듯, 글썽한 눈빛에 나는 꼼짝도 할 수 없었다. 아무 일도 없었다는 듯이 진즉 보릿고개를 넘어 왔는데도….

경천대에 올라보니

아직은 희미하나마 봄빛 향기가 묻어나는 여름의 초입이다. 올해는 무더위가 일찍 찾아와 괴롭힌다. 나서야 할 철도 모르고 미리 와서 설치는 것을 보면, 제 분수도 모르는 철없는 더위다. 녹음이 오는 길을 따라 짙은 그늘이 드리워질 때 찾아오는 더위는 제철을 아는 똑똑한 더위다. 그래야 제법 여름 맛이 난다.

사람들은 더위를 핑계 삼아 강이나 바다, 숲과 계곡이 어우러진 그늘을 찾아 집을 나선다. 여행 겸 휴양의 기회가 되기도 한다. 어찌 보면 피서는 '여름 더위'가 베푸는 선물이라고 봐도 괜찮을 것 같다.

낙동강 천삼백 리 물길 가운데 최고의 경관을 자랑하는 경천대는 깎아지른 절벽과 몇 그루의 노송으로 빼어난 절경이다. 강을 배경으로 볼품없이 큰 바위들과 구부정한 늙은 소나무 몇 그루가 서로 어우르니 한 폭의 풍경화다. 사람들이 피서 겸 가족 단위 휴양을 위해 많이 찾는 명소로 각광받는다. 큰 바위들까지도 감싸고 남을 소나무 숲 그늘이 시원한 강바람까지 불러들인다. 정자에 앉으면 비단 같은 강, 건너 풍경도 온 가슴에 안을 수 있다.

원래는 낙동강의 신비를 간직한 천혜의 절경으로 자천대였다. 우담 채득기 선생이 이곳에 은거하면서 '하늘을 떠받든다'는 뜻으로 경천대라 부르게 되었단다. 자연의 순리에 따라 살고자 했던 선조들의 지혜가 엿보인다.

경천대는 널리 알려진 명성만큼이나 고고한 절경을 누구나 쉽게 다가오도록 허락하지 않는다. 경천대의 절경에 심취하려면 우선 낙동강과 주변 풍경을 한눈에 내려다볼 수 있는 전망대에 먼저 올라야 한다. 아마도 세속에 찌든 눈과 마음까지도 강바람에 씻은 사람만이 다가갈 수 있다는 것일까.

전망대는 경천대를 감싸고 있는 무지산의 가장 높은 해발 159미터 정상에 있다. 낮은 산이지만 밑에서부터 구불구불 오름길인데다 무려 330계단을 밟아야 한다. 오르다 보면 자신의 다리가 얼마나 무거운지를 느끼게 된다. 나를 지탱해 준 다리의 고마움부터 알라는 깨우침일 것이다. 아무튼 경천대를 찾아가는 데 이만한 노력도 없으면 풍경이 있는 명승지라 할까.

전망대에 오르는 길 양편에는 성을 쌓듯 돌담이 가지런히 늘어서서 지친 발길을 응원하고 있다. 힘든 걸음걸이를 잊으려고 계단 하나를 오를 때마다 소원 하나씩 기원해본다. 다 오르면 330개의 소원을 기원하는 셈이다.

전망대에서 내려다보는 낙동강, 강이 휘돌아 흐르며 반달이 된 들에는 모(벼)를 갓 심은 듯하다. 상추를 닮은 연녹색의 달이 강물에 떠 있다. 보면 볼수록 황홀한 풍경에 취해 전망대 마루에 정신을 놓아버릴 것만 같다.

강이 불어주는 바람에 마음을 기대고, 강마을의 풀빛에 흠씬 젖어 가져가고 싶다. 보여주고 보이는 것이 너무도 많이 널려있다. 저들에게 손을 흔들어준다. 시원한 강바람은 산등성이를 타고서 전망대를 감싸듯 휘돌아 나간다.

강과 산과 들은 형제처럼 마을을 이루어 생명을 불어넣어 주고 세월을 이어간다. 강마을은 자연이 주는 아름다움이 넘치고, 자연의 순수함으로 변함없는 강이 되어 함께 흐른다. 들과 산이 강 속에 있는 이유다.

전망대 계단 옆을 지나 강변 쪽으로 내려가려다 하마터면 돌부리에 걸려 넘어질 뻔했다. 정자 꼭대기에 올랐다고 흥분하여 거들먹거리지 말라는 충고로 받아들였다. '하산길을 조심하라'는 옛 어른들의 말씀이 떠오른다.

강변에 다다랐다. 병자호란 때 소현세자와 봉림대군이 청나라 심양에 볼모로 잡혀갈 때 수행했던 우담 채득기 선생이 만년에 은거하며 학문을 닦던 무우정에 앉아본다. 변함없이 유유히 흐르는 강물처럼 세월은 흘렀어도 선생의 충정과 고결한 인품은 경천대와 함께 찾는 이를 숙연하게 한다.

손에 든 물병을 열어 입에 부으니 미적지근하다. 내가 바라던 물맛이 아니어서 버렸다. 달면 삼키고 쓰면 뱉는 인간의 본성을 드러낸 것 같아 씁쓸하다. 뒤처져 따라오는 일행들을 기다릴 겸 정자에 누웠다. 잠시나마 온전한 자유를 누린다.

주위에 2001년 MBC 창사 40주년 특별기획드라마 「상도」의 촬영 세트장이 강변의 옛 촌락처럼 고즈넉하다. 마음이 앞장서서 솔숲 따라 이어지는 오솔길을 걷게 한다. 작은 계곡을 건너뛰어 주는 40미터 출렁다리에서 보는 마을(세트장)이 어렸을 적 낯익은 고향 풍경이다. 잠시 향수에 젖어본다.

숲길을 빠져나올 즈음에 이색조각공원이 발길을 끈다. 강변에서 보는 조형미가 다르게 느껴진다. 달마와 포대화상 등 20여 개 조각품이다. 이분들의 생활을 통해 삶의 희로애락을 해학과 풍자로 담아 무소유를 연출하는 모습이 이채롭다. 자연과 인간의 무한한 조화와 상호 존중을 일깨우리라 여긴다.

다시 폭포 쪽으로 향하려다 아이들의 행복한 웃음소리가 발아래 강변 쪽에서 소란스럽다. 휴식과 놀이를 즐기려는 사람들이 각지에서 모여들어 온종일 북새통을 이루는 모양이다. 여름 더위가 베푸는 맛을 아는 사람들이다

낙동강 천삼백 리 물길 한 자락을 깔고 앉은 경천대, 하늘이 잠긴 푸른 강물에 구름은 흘러가도 한 폭의 풍경화는 제자리에 머물러 있

다. 계절이 바뀌어 찾아오면 또 다른 빛깔로 나를 맞이할 것이다.

차마 떠나는 발길이 석양을 등지듯, 굽이굽이 흐르는 물결처럼, 경천대를 안고 가는 가슴에는 여름이 덥다고 불평보다는 긍정의 마음으로 세상을 살라는 가르침일 것인가.

물처럼 바람처럼

화사한 꽃 치장을 한 벚나무가 막 도착한 일행을 웃음으로 어루만지듯 가지를 늘이고 있다. 정오를 넘긴 봄볕마저 몽실몽실 느끼게 골짜기 가득 진을 치고 객을 맞이한다. 봄은 꽃을 피워 새로움과 신선함을 알리는 계절이다. 청풍호를 안고 병풍처럼 길게 둘러쳐진 금수산 자락에 이르는 자드락길을 걷는다. 사람이 드문드문 다니는 한적하고 풍경 좋은 오솔길이다.

길 따라 늘어선 나무들도 잠든 고즈넉한 숲을 도란도란 일행이 흔들어 깨운다. 봄은 빛과 함께 소리로도 오는 성싶다. 지척에서 속살거리듯 계곡을 흘러내리는 물소리가 풍경까지 불러와 일행을 반긴다. 청아한 소리에 티끌 섞인 생각들은 감쪽같이 사라지고, 듬성듬성한 마음에 끼어드는 상념들을 그냥 눈빛으로만 보낸다.

여인의 앞가슴 모양을 닮은 바위 사이를 은근히 훑고 더듬던 물줄기는 탄력 있는 종아리를 지나 능강교 밑으로 숨어들고 있다. 흐르지 않으면서도 흐르는 잔잔한 그 물 얕은 계곡에 눕고 싶다. 세월을 두른 어머니 가슴처럼 너른 바위다. 한 발 한 발 무거운 몸을 지탱하여 이끌고 가는 내 발밑에서 꿈틀대듯 새로운 길이 열릴 것이라는 꿈도 가져본다.

이 골짜기에도 추위와 눈까지 겹치던 겨울은 봄비에 밀리어 벌써 떠나간 것 같다. 어린나무마다 새순이 생긋 고개를 내밀고 있다. 그 아래에는 마른 나뭇가지와 낙엽들이 숨 멎어 누워 있다. 한갓 초목도 계절의 순리에 따르는 것을 보니, 삶에 얽매여 미지근한 것들에 대해 나만의 의미를 찾으려 하지 말자는 생각을 한다.

산길은 진달래꽃에 눈을 밝히며 쉬엄쉬엄 걸어야 한다. 이 번뇌한 세상에서 '빨리빨리'에 길들인 조급증은 벗어 내려놓고, 느릿한 길 위에 마음을 굴리며 걸어야 한다. 저 산자락에 얹힌 한 점 조각구름처럼, 속을 비우고, 이러지도 저러지도 못하는 사연일랑 접고 걷는 게 길이 주는 가르침일 거라는 생각도 얼핏 들어온다.

이런저런 사념에 젖어 오르다 보니, 길은 어느덧 커다란 두 개의 바위 사이로 지나며 긴 세월 기다린 듯 정방사靜芳寺가 고즈넉하게 앉아 있다. 이런 데서 홀대받기에는 범상하지 않은 돌 같아 앞서가는 사람에게 물으니 일주문이란다. 그러고 보니 절간에 들기까지 흔히 서 있는 단청으로 기둥을 두른 문을 보지 못한 것 같다.

천년 사찰 지붕에 또 하나의 바위 지붕이 하늘을 가리듯 앞으로 뻗치어 있다. 아래로는 바위가 마당을 만들고, 집을 받치고 있어 마치 석굴 안에 절이 들어가 있는 느낌을 감출 수 없다. 주변 사방의 바위까지도 기기묘묘한 형상들을 짓고 있으니, 어찌 전해 내려오는 이야기를 건성으로 들을 수 있겠는가.

제천 정방사는 통일신라 초기 문무왕 2년(662)에 의상대사의 제자인 정원 스님이 창건하였다. 스님은 십여 년 천하를 두루 다니며 공부를 하던 중 제행무상諸行無常, 우리가 존재한다고 믿는 모든 것은 단 한 순간도 멈춰있지 않음을 깨달았다. 부처님의 가르침은 세상의 앎과 다르지 않고, 부처와 중생의 근본이 다르지 않음을 알게 된다. 이윽고 의상대사께서 던진 지팡이를 찾아서 산을 넘고 강을 건너 지금의 자리에 내려앉아 자리를 잡았다고 전해진다.

그러고 보니, 절 주위로는 겹겹이 아름다운 산이 둘러싸여 있다. 맑은 강이 흐르는 곳에 우뚝 솟은 억겹의 바위로 마치 하늘 세계의 궁궐과도 같다. 금수산과 청풍강의 맑은 물과 바람이 꽃향기와 어우러져 천여 년의 세월을 이어오고 있다. 주위에 몸피가 굵은 나무들 사이로 갖가지 사연을 담은 시간은 이어서 쌓여갈 것이다. 그러나 오르던 자드락길은 여기까지다. 길이 끝나는 곳에는 으레 절이 있기 마련이 아니던가. 생각하지도 못한 행운을 잡은 듯 일행의 얼굴마다 반들반들하게 기쁨이 번져있다. 세월로 곰삭은 삶 속에 묻어 둔 울분과 시름마저도 이곳에서 씻기어지는가 싶다.

올라온 길을 뒤돌아 내려다본다. 이내 마음은 비바람에 신바람이 난 듯 잎 파래진 초목처럼 물오른 나무가 되어 있다. 자비를 베푸는 부처의 마음인 양, 목마른 이를 기다리는 석간수가 돌샘 가득 넘실댄다. 그 옆에 표주박이 나를 보고 눈짓을 하고, 주위에 빙 둘러서 있는 사람들도 반가운 마음으로 다가온다. 석간수 한 바가지를 단숨에 들이키니 세속에 찌든 먼지가 씻기어 내려가는 듯 가뿐해진다.

마침 곁에서 물을 떠 마시던 사람이 제법 아는 체를 하며 내 마음을 당긴다. 어디를 가나 세 사람 가운데 한 사람은 스승이라 했으니 이분이 바로 스승인가 보았다. 스승님(?)의 말씀 따라 해우소에 들어가 본다. 사진틀처럼 네모난 나무창으로 그림 같은 풍경이 들어온다. 운무가 깔리어 흑백사진처럼 희끄무레한 청풍호는 아쉬움으로만 남겨야 할까 보다. 한꺼번에 너무 많은 욕심을 가져서는 안 된다는 가르침일 것이라 위로하며 발길을 옮긴다.

청산은 날 보고 말없이 살라 하고, 청풍은 날 보고 티 없이 살라 하네
성냄도 버리고 욕심도 버리고 물처럼 바람처럼 날 보고 살라 하네

청풍호를 바라보니 나옹선사의 시 한 구절이 호수가 불어주는 바람에 실리어 와 가슴에 닿는다. 날 보고 바람이 말한다. 물처럼 바람처럼 욕심은 벗어 놓고 살다가 가라 한다.

시간이 멈춘 득량역

낙엽이 빛을 잃으니 햇살도 엷어졌나 보다. 남녘으로 내려가는 가을을 따라가다 경전선 득량역에서 발길이 멎는다. 골목골목 흩어질 듯 구경에 재미 붙인 사람들을 보니 소소한 볼거리가 예사롭지 않을 것 같아서다. 옛 모습대로 기다려 주어 추억에 젖을 수 있는 간이역을 그냥 지나칠 수야 없지 않은가.

목포와 부산을 오가는 경전선의 꽤 작은 역이다. 완행열차가 떠난 뒤 철 늦은 코스모스가 쓸쓸하다. 그래도 얼굴 작은 노란 국화꽃이 역사 앞 화단에 무리 지어 웃음으로 반긴다. 낡은 침목에 하릴없이 앉아 있는 촌로村老까지도 친근하게 다가오니, 허수한 분위기지만 이런저런 낯익은 풍경들은 아늑한 고향 역이다. 기대에 부풀어 들뜬 기분으로 웃음을 날리며 골목길로 접어들었다. 마을 한가운데를 가로지르는 길을 따라 갖가지 점방店房들이 양쪽으로 길게 늘어서 있다. 역 주변답게 옛날 풍경의 간판들이 즐비하니 그 시절로 끌리듯 들어간다.

땟국이 좔좔 흐르는 이발소에서 머리를 빡빡 민 중년 남자가 '철버덕' 헐거운 문짝을 열고 나온다. 나에게 꾸뻑 인사라도 할 법한데 그냥 공손하게 스쳐 지나간다. 촌사람이지만 행동은 점잖은 신사다. "진지 잡수셨어요?" "밤새 안녕하셨어요?"라는 말이 금방이라도 나와야 맞을 성싶었다. 그 시절 우리는 굶는 게 밥 먹듯 했다. 그러니 화장실에서 나오는 사람에게도 "진지 드셨냐?"고, 이발소에서 나오는 사람도 "밤새 안녕하셨냐?"는 게 인사말이었다.

입구에 '새마을 연탄, 석유'란 간판이 또 눈에 띈다. 마침 손수레에 연탄을 싣느라 부부가 땀을 흘려서인지 숯 검댕이가 되어서도 입과 입끼리 씨름하기에 바쁘다. 옛날에는 부부간에 싸우면서 정이 깊어진다는데 이들도 정을 쌓는 사랑싸움이려니 싶다. 옆집 '은빛전파사' 함석 문짝이 '신고하여 혼란 막고 안정 속에 국가발전' 표어를 붙인 채 벽에 기대어 서 있다. 양장점, 전당포, 우리 쌀 상회가 줄줄이 문을 열고 사람들이 들락거린다. 쌀가게는 손때 묻은 됫박이 쌀을 반쯤 담고서 멍석 위에 비스듬히 누워있다. 가난한 사람들이 드나들며, 한창 바빴던 옛 시절을 말해주는 성싶다. 봉지 쌀을 사다 먹던 시절이 참 아프게 그려진다.

길 건너 '이쁜미장원'은 나무창에 얇은 유리를 끼어서인지 안이 다 들여다보인다. 무궁화호를 타고 먼 동네에서 파마하러 온 아주머니들일 것이다. 아낙들 네댓 명이 머리를 자르고, 볶고 감느라 자지러지는, 웃음소리가 얇은 유리창을 흔들고 내 고막까지 울린다. 이런 아주머니들이 참 밉기도 하다. 하필이면 아득히 먼 그리움 속에 고향에 계신 형수님들까지 불러들일까.

행운다방이 더 선명히 눈에 들어왔다. 빨간 립스틱에 짧은 치마도 모자라 뾰족구두를 신고 눈웃음을 깔던 미스 윤이 보인다. 철없는 동네 건달들이 들락거리던 다방이었다. 이제는 할아버지, 할머니가 되어 추억의 사랑방이라도 찾고 있을까. 간판을 조금 빗겨서니 다방 옆에 웬 만화집이다. 호기심이 들어 '덜커덩' 문을 열고 들여다보았다. 초등학생과 중학생 등 대여섯 명이 만화 삼매경에 빠져 있다. 순정만화와 무협지에서 헤어 나오지 못해 만화방을 들락거리던 시절이 엊그제 같다. 신기한 눈으로 보다가 옛날 생각에 쓴웃음이 나왔다. 결석한 아이들을 찾겠다고 만화집마다 뒤지던 일이 촌스럽게 느껴진다. 그래도 이들을 따라 그 시절 속으로 들어가고 만다.

길 건너에 '고부칼국수집'이다. 이름부터 예사롭지 않아 흥미가 발동한다. 내가 '고부 이가'인데, 혹시 고부에서 온 분들일까? 알고 보니 시어머니와 며느리가 대를 이어 우리 통밀을 갈아서 만드는 소문난 칼국수집이란다. 그래도 '고부'라는 이름에 친근함은 여전했다. '삐걱삐걱'하는 마루에서 다듬이에 밀가루 반죽을 얇게 밀고 있다. "어서 오시오. 지금 국수를 만들고 있으니 기다리시오. 참, 칼국수가 맞지요 잉?" 누구를 만나 말을 나누어도 구수한 전라도 사투리는 맛

깔스럽다. 반죽하고 밀고 썰고 끓여 나온 국수는 우리 '어머니표칼국수'다. 잘게 썰어 넣은 애호박까지 별미다. 맛있게 먹어 흐뭇했는지, 할머니가 한 바가지나 또 퍼부어주신다.

어디 그뿐일까, 보성막걸리 한 사발을 엄지손가락이 푹 잠기도록 한가득 권하는 맛에 마음은 추억에 젖어 든다. 넉넉하지 못한 주량이니 얼굴이 화끈거린다.

마침 무궁화호 열차가 막 들어와 쉰 목소리로 목청을 돋운다. 무거운 짐을 들고 내리는 사람과 타는 사람들이 인사를 나눈다. 불과 열댓 명 안팎이다. 역과 철로, 완행열차가 있어서 삶을 이어가고 추억을 만드는 사람들이다. 삿갓 쓴 30촉 가로등이 외롭게 거리를 지켜볼 뿐, 방금 내렸던 사람들은 어둠 속에 흔적도 없이 자취를 감추어 버린다. 새어 나온 불빛에 비친 '역전여인숙' 간판이 나를 기다리나 보았다. 주인아주머니가 내주는 방에 드니, 흰 광목 홑청을 씌운 까만 이불이 아랫목에 깔려 있다. 나를 기다리는 성의가 고마웠다. 윗목에는 앉은뱅이 곰보 책상 위에 만화책이 펼쳐있고, 10여 권이 더 꽂혀있으나 관심은 마음 밖이다.

자리에 누워 내일의 여정을 헤아려 본다. 산 따라, 강 따라 구불구불 이어지는 철길은 시간을 재촉하지 않고 세상을 담는 재미다. 그러다 문득 40여 년 전 정읍에서 광주까지 통근하던 시절이 떠오른다. 아침 6시에 나와 비둘기호를 타고 출퇴근하는 나는 저녁 10시가 넘어서 정읍역에 내리는 날이 많았다. 눈발 날리는 겨울밤이면 살을에는 추위도 가족이 있었기에 이겨낼 수 있었다. 열한 시가 넘을 때까지 가슴 졸이며 기다리는 아내가 고마웠다. 연탄불에서 지글지글 돼지고기 김치찌개 끓는 소리는 두근두근 뛰는 아내 가슴이었다. 아랫목 뜨끈한 이불 속에 넣어 둔 고봉밥, 살포시 꺼내주는 쌀밥은 아내의 애틋한 사랑이었다.

남의 집 단칸 셋방살이나마 포근했던 행복이 아련히 다가온다. 비둘기호가 있어 늦은 시각에라도 귀가하여 가족의 품에 포근히 안길 수 있었기 때문이다. 역에 서서 무궁화호를 보니 경전선 따라 삶을 이어가는 경상도와 전라도 사람들이 따로 없어 보인다. 그저 옛적 그대로 이어가며 애환과 추억을 실어 나르는 삶의 바탕이고 길이었다. 부지런하게도 수평선 위로 떠 오르는 햇살이 문틈에 새어 들어 나를 깨운다.

청과물 시장에서

여름을 타는지 요즘 들어 도통 입맛이 없다. 끼니때가 되면 식탁 위에 눈만 굴리다가 심드렁하게 수저를 내려놓고 만다. 이러는 내가 걱정되는지, 아내는 열무김치라도 담가야겠다며 장바구니를 들고 나선다. 이럴 때 나는 습관처럼 아내의 뒤를 따른다.

시장에 가면 아내는 여기저기 기웃거리느라 내 애를 태우기 일쑤다. 번번이 이러는 아내한테 이골이 났기에 내 나름대로 이런저런 구경하는 재미가 쏠쏠하다. 나는 무턱대고 돌아다니지는 않으니까, 아내도 '그러려니' 하고 무관심으로 넘겨준다. 오늘은 아내가 멈춘 청과물 시장에서 나도 따라 멎는다. 하지만, 딴전 피울 새도 없이 나의 호기심은 여름 과일들의 기싸움에 말려들고 만다.

야들야들한 보라색 가지가 좌판 맨 앞자리에 가지런히 누워있는 게 첫눈에 들어온다. 보들보들 고운 피부만큼이나 속살도 부드럽다.

자세는 구부정해도 다소곳하니, 겉 인상이 좋으면 성격도 좋은가 싶기도 하다.

그런데 하필이면 피부가 까끌까끌한 오이가 마른 꽃 딱지를 덕지덕지 붙이고 가지 옆에 자리를 잡는다. 자랄 때는 이웃사촌이면서도, 미끈미끈한 몸매를 지닌 가지와 마주보기가 껄끄러운가? 번화한 거리에 나오니 바싹 오갈이 들었는지, 가지보다 더 굽은 허리에 시들부들한 게 꼴불견이다. 가지처럼 귀티가 나지 않고, 볼품이 사나워 조상 탓을 하고 있지나 않은지.

눈치 싸움에 여념이 없는 가지와 오이 옆으로 고추가 들어와 슬그머니 자리를 잡고 눕는다. 푸르락 붉으락 급한 성질에 매운맛까지, 요즘 말로 펀치가 좀 센 품새다. 자존심도 대단하여 아무 데서나 '이래 봬도 나는 남자의 상징으로 귀하게 모시는 존재'라고 내세워 매운맛으로 내지르곤 한다. 주제에 넘는 행동을 하는 고추가 이 동네서 맵다고 소문이 파다하게 나서인지, 사람들도 선뜻 손에 집어 들지를 못한다.

얼얼한 고추 옆 상자 안에는 덩치 큰 고구마와 감자가 곁눈질만 할 뿐 숨죽이고 있다. 오이나 가지, 고추 등이 모이는 곳에는 올 수 없는 존재들이니, 아마도 바늘방석에 앉은 기분일 것이다. 채소들이 보기에 감자와 고구마는 청과물은커녕, 곡물도 아니면서 무슨 배짱으로 여기에 와 있는지 모두가 눈총으로 쏘아보던 참이다. 사람 사는 곳이 그렇듯이, 청과물시장에도 유별난 성격이나 고향을 둔 과일, 채소들이 모여들기 마련이다. 생활 습관이나 방식이 다를 테지만, 서로가 자신을 접어두고 양보하며 어부렁 더부렁 이웃과 정 붙이며 사는 사람들을 닮지 않았을까?

황색 마대에 들어있는 옥수수도 몇 겹이나 되는 외투 속에 긴 수염을 드러내고도 점잖게 밖을 내다보기만 한다. 역시 수염 값을 하는 어른의 품새다. 두꺼운 밤색 갑옷을 입고 됫박 안에 수북한 알밤 곁에는 쭈글쭈글한 대추도 줄지어 있다. 대추와 알밤은 색깔이며 제사상에 함께 오르는 이웃사촌이다. 씨알 작은 대추답게 철없는 알밤과 죽이 맞는다.

"애들이 번데기 앞에서 주름을 잡는구먼. 요즘은 번데기가 귀하니 나를, 대추를 알아봐야지. 젊은 애들까지 무슨 멋이 들어서 수염을 길러 노소를 구분할 수 없구먼."

긴 수염에 입 다물고 있는 옥수수를 빗대 씨알 작은 대추가 불퉁대는 소리다. 동네 분위기가 '하 수상'하니, 플라스틱 통 안에서 제 멋대로 꼬부라진 콩나물 대가리들이 옥수수를 꼬드긴다. 멋진 하모니카로 조마조마한 동네 분위기를 바꾸어 보려는 수작이다. 맘씨 너그러운 옥수수답게 고른 이를 드러내 콩나물과 장단을 맞춘다.

> 우리 아기 불고 노는 하모니카는
> 옥수수를 가지고서 만들었어요

그러나 이런 착한 마음 씀씀이에도 안타까움은 항상 도사리고 있기 마련인가. 푸른 옷에 흰 줄무늬를 한, 덩치 큰 수박이 비닐 끈에 헐렁하게 묶여 있다. 곁에 있는 애호박한테 비슷한 몸 색깔이며 희끄무레한 줄무늬까지 닮아서 형제애라도 느끼는가. 몸집은 작아도 노란 살결에 다소곳이 모여 있는 참외들과도 '꾸뻑' 눈인사로 알은체를 한다.

한구석에서 한가하게 졸고 있는 털복숭아는 산에서 내려왔지만, 고슴도치처럼 못생긴 파인애플하고는 의좋게 한 베개를 베고 있다. 그 옆에 오렌지는 바다 건너서 왔지만, 고향을 떠나온 똑같은 타향살이 처지라서인가. 진한 단맛을 풍기며 동병상련으로 마음을 통하는가 보다.

청과물시장에 채소와 과일들의 기싸움이 한창이라고 어디서 소문을 듣고 달려왔을까? 밀짚모자를 삐딱하게 눌러쓴 뜨내기장사가 용달차에 채소와 과일 나부랭이를 잔뜩 싣고 와서는 시장통 오거리 한복판에 자리를 잡는다. 확성기에서 터져 나오는 걸쭉한 장사꾼 목소리가 시장 안을 온통 달군다.

"참외요, 다디단 성주참외가 한 상자에 일만오천 원, 푸근푸근 해남 황토고구마가 두 상자에 3만 원, 싸요 싸. 명품 무등산수박이 한 덩이에 만 원이요 만 원…."

젊은 아낙들이 뒤질세라 우르르 구름처럼 모여들어 용달차를 에워싼다. 시장 물건은 네것 내것 임자가 따로 없다. 먼저 흥정하는 게 임자고, 눈치 빠르게 골라 담는 게 주인이다. 마침 아내가 고르다가

땅에 떨군 고구마 몸뚱이에 황토밭 한 뙈기가 따라 오른다. 고구마 두둑을 추켜올리던 어머니의 호미자루에 물기가 흥건하다. 채소와 과일들도 두고 온 고향이 그리워 정지용의「향수」를 읊조리고 있으리라.

넓은 벌 동쪽 끝으로
옛이야기 지줄대는 실개천이 휘돌아가고
얼룩배기 황소가
해설피 금빛 게으른 울음을 우는 곳
그곳이 차마 꿈엔들 잊힐 리야

내가 청과물들의 기싸움에 팔려 있는 데도, 아내는 내 입맛에 맞는 놈들만 추리느라 정신이 없다. 마침내 아내가 건네주는 장바구니에서 진득한 삶의 무게가 느껴진다. 더위에 잃었던 원기元氣를 되찾는다.

푸른 보석 꽃섬, 장사도

섬 여행! 생각만 해도 가슴이 설렌다. 문화답사라는 이름으로 교직에 몸담았던 동료들과 매월 함께 하는 여행이지만 떨리는 가슴은 멈출 줄을 모른다. 초등학교 시절에 소풍날을 앞두고 두근대던 가슴을 나는 지금도 가졌나 보다. 가슴이 설렌다는 것은 심장의 피가 덜 식었다는 뜻이니, 아직도 젊음이 남아 있다는 것인가. 미지의 섬 여행이니 더욱 그런가 보다.

기분 좋은 일에 호기심이 발동하지 않고, 맛있는 음식을 앞에 두고도 구미가 당기지 않는다면 우리는 얼마나 쓸쓸한 삶일까? 그래서 따뜻한 생명의 봄바람처럼 희망을 불어넣어 주는 것은 여행이라고 생각하며 항상 고마운 마음으로 동참하곤 한다.

여름의 문턱을 갓 넘어선 5월 초순이다. 산과 들이 윤택한 빛깔로 단장을 하니 어디를 가도 좋으련만, 우리는 굳이 먼 남쪽 바다의 까멜리아섬, 장사도를 택했다. 영화 「별에서 온 그대」의 촬영지로 알려진 배경도 있지만, 그만큼 즐겨 볼거리가 많다고 알려져 있기 때문이다.

장사도는 섬 모양이 누에처럼 생겨 누에섬長絲島이었다는데, 일제가 장사도長蛇島로 바꿨다. 이런 작은 섬까지 그들의 얕은 수작이 뻗었었다니, 섬인들 얼마나 억울했을까? 씁쓸한 여운이 쉽게 가시지 않는다.

차창 밖으로 초여름의 생동하는 풍경이 그림처럼 스쳐 지나간다. 구름 걸힌 하늘과 땅 위의 풀과 나무 등 자연 속 생명의 속삭임에 귀를 기울이는 것도 여행의 묘미다. 오고 갈 때 보고 느끼며 작은 추억거리라도 마음에 담아 온다면 여운이 있는 삶이리라.

오른쪽으로 통영 앞바다가 그림처럼 나타난다. 곧이어 거제대교를 건너며 크고 작은 배들이 수도 없이 바쁘게 오간다. 하늘에는 포물선을 그리며 맴도는 갈매기들은 바다가 살아있다는 것을 말해주는 듯하다.

말 없는 바다는 울긋불긋 꽃을 피운 양식장 부표들로 장관이다. 넓고 푸른 도화지에 꽃으로 채운 것 같은 그림이다. 우리는 신기한 눈으로 창밖을 보며 오랜 침묵에서 깨어나 차 안은 활기를 되찾는다.

거제 가배항은 포구라고 해야 맞을 것 같다. 이웃 작은 섬들을 오가는 배들이 드나드는 선착장에는 장사도로 들고나는 사람들이 대부분이다. 그 틈에는 우리 일행이 가장 큰 무리인 것 같다. 가족이 많은 만큼 주고받는 느낌이나 말벗도 많으니 여행의 맛이 이런 데에 있나 싶다. 어제의 설렘이 오늘의 행복으로 채워지는 것은 당연하다.

금강산도 식후경이라 했던가? 장사도행 여객선에 승선하기 전에 점심을 해결해야 한다. 부둣가에 준비해온 찰밥과 김, 김치 등을 통째로 내놓는다. 회원들은 각자 그릇과 수저, 젓가락을 들고 적당히 담아간다. 사 먹는 밥보다 직접 챙겨와 돌밭이며 바닥에 신문지를 깔고 끼리끼리 둘러앉아 먹는 맛이다. 우리 여정에는 또 하나의 즐거움이고 추억거리가 된다.

장사도 쪽으로 물보라를 일으키며 미끄러지듯 떠가는 배에서 보는 파란 섬들이 수줍은 듯 겸손해 보인다. 조용히 떠 있는 섬 사이로 또 다른 배가 흰 물줄기를 일으키는 안개 때문에 작은 섬이 희미하게 가려진다. 바다만이 보여주는 낯설고 신선한 풍경이다.

멀리 수평선이 하늘에 닿아 끝도 빛깔도 구분이 안 되는 푸른 남해는 스스럼없이 자기의 순수한 모습을 드러내 보인다. 바다는 변함없는 마음의 색깔을 지니고, 넓은 가슴에 수많은 섬과 생명을 안고 살아가는 끝없는 부모님의 사랑과 같다.

드디어 장사도에 발을 들여놓으니 신비로운 세상이 우리를 맞이한다. 기기묘묘한 자연과 사람의 손으로 빚은 예술의 조화가 천상의 세상으로 착각하게 한다. 약속이라도 한 듯 여기저기서 탄성이 터져 나온다.

아름다운 까멜리리아 신부가 끝없이 넓고 푸른 드레스를 화려하게 걸치고서, 화사한 웃음으로 품 안에 하객들을 맞이하는 환상에 젖는다. 영화의 배경으로 썩 어울리는 섬이라는 데 공감하게 된다. 여기저기 영화에 등장하는 캐릭터가 주위 풍경과 어울려 깜찍하게 우리를 부른다. 어느새 하나둘 친구가 되더니 모두가 하나의 마음이 되어 사진 찍기에 여념이 없다. 이런 캐릭터만으로도 장사도는 마법의 섬으로 관객들의 마음을 이끌어 들이기에 충분하다. 나도 동심으로 돌아가 사진 속의 주인공이 되어 본다.

바다가 안고 있는 섬 속에 감추어진 신비한 풍경과 인간의 무한한 잠재력으로 창조한 예술과 자연의 어울림이 우리를 행복한 시간으로 만나게 해준다. 새삼스럽게도 삶의 가치를 깨닫게 해주는 고마운 순간이다. 여기에 시원한 바람까지 선물하니 청량한 세상이 따로 없다. 어쭙잖은 시라도 한 수 읊고 싶은 충동마저 돋는다. 이런 분위기라면 누구나 그런 유혹에 빠져들 것이라는 생각으로 마음을 다독인다.

계절에 맞지 않게 늦은 동백꽃 터널이 간간이 우리를 맞이하니, 장사도는 아름다운 마음만큼이나 베푸는 너그러움도 담고 있는 성싶다. 자연이 주는 순수함은 사람답게 사는 가장 바른 길임을 일러 준다. 여행처럼 진지하게 보고 느끼며 뒤돌아보는 삶 속에 인생의 행복을 느낄 수 있다. 관조하는 삶에서 참다운 나를 찾으리라는 생각을 하게 한 푸른 보석 꽃섬 장사도 여행이 아니었나 싶다.

마량포구 가는 길에는

남녘의 봄은 한발 앞서 연록의 얼굴을 세상에 내민다. 바람이 포근한 입김으로 소식을 알려오면, 남녘 길은 벚꽃이 소복한 구름으로 먼저 피어난다. 유채꽃이 영산강에 노란 물감을 풀어 놓고, 끝 모를 나주 배 밭은 청아한 꽃 누리로 장식할 채비에 마음조차 흔들어 놓는다. 바다 향 짙은 마량포구 가는 길에 나주골에서 만나는 봄이다.

포구를 찾아가다 보면 그냥 지나칠 수 없을 만큼 들러 봐야 할 볼거리들이 기다리고 있다. 골마다 문향文香에 취하고 유적에 서린 이야기들은 가슴을 채우고도 남는다. 설레는 바다를 안고 가는 길이니, 아기자기한 풍경조차 발길을 더디게 하는 게 흠이라면 어떨까?

숱한 봄꽃들로 출렁이는 벌판 위에 섬처럼 솟은 월출산이 발길을 붙든다. 입이 벌어지고 눈이 휘둥그레질 풍경에 유적까지 곳곳에 품고 있으니 속 깊은 산이다. 올려다보는 천황봉을 정점으로 평지에 돌출하여 병풍이 둘러쳐진 듯 웅장한 암석들의 조화는 신이 빚은 조각일까. 수석의 전시장이라 할까? 기암괴석에 눈길을 뗄 수도 없다. 산언저리에 왕인박사와 도선국사의 탄생지가 예사롭지 않은 땅임을 말해주듯, 절과 암자와 산등성이에서 골짜기마다 역사와 전설이 절절히 흐른다.

계절은 4월이려니, 산에는 봄의 꽃 진달래가 만발하다. 뒤따라오는 여름이면 시원한 폭포수와 천황봉에 걸쳐있는 안개가 신비로울 것이고, 가을에는 단풍이 또 다른 풍경화를 그릴 것이리라. 겨울 산은 산봉우리에 눈이 또 어떤 설경을 연출할까? 계절에 따라 느낌과 아름다움을 달리 보여주니, 높고 낮고 크고 작은 암봉으로 조각된 모습이 신비할 수밖에 없다. 월출산에 빠져들다 보니, 어느덧 남녘으로 가는 발 길이 바빠진다. 천황봉의 위용은 올려볼수록 황홀하지만 아쉬움을 뒤로하고 발길은 다시 남으로 내려간다.

강진읍에서 까치미재에 못 가서 계곡 양옆으로 깎아지른 암벽이 석문으로 솟아있다. 휘황한 벚꽃마을을 제치고 웅장한 바위가 각기 산줄기를 배경으로 마주 보고 있다. 자연으로 자리 잡은 석문이지만, 마치 절을 지키는 수문장이라도 되는 듯해 목례를 하며 안으로 들어가 본다.

먼저 눈에 띄는 비석 하나가 긴 세월 풍우風雨에 주인을 기리듯 맞이하니 넘치는 정감으로 다가가게 된다. 바위에 새겨진 방랑시인 김삿갓 시 한 수가 가슴을 먹먹하게 한다.

양편에 바위 우뚝 솟아 서로 다투는 줄 알았더니
물줄기 한 가락으로 흐르는 걸 보니 근심 사라지네

세상에 크고 작은 문은 많으나, 이 바위처럼 웅장하면서 아름다운 문은 흔치 않으리라. 석문을 통해 햇살에 은비늘처럼 출렁이는 바다를 그리는 김삿갓 마음을 헤아려 본다. 수줍은 아낙처럼 떠 있는 섬들을 보며 사유가 깊었으리라. 요모조모로 신선이 배치한 풍치에 흥이 절로 돋우어졌을 것이다. 갈 길을 핑계 삼아 금곡사는 마음 뒤로 숨기고 남쪽으로 내려간다.

고려청자니, 상감청자니 이야기로 듣던 강진 청자골에 왔다. 대구면 청자도요지를 그냥 지나칠 수 있으랴. 고려 시대에 주로 청자를 구웠던 곳으로 중국에까지 이름이 나 있다. 용운리에서 시작하여 수백 개의 가마터가 산재 되어 있는 게 신기하다. 그중에서도 사당리가 고려청자의 백미를 구워냈다 하니 청자의 진골에 들어 온 셈이다.

통일신라 후기부터 고려 말까지 청자를 구웠던 완벽한 청자가마와 청자편, 제작 도구 등을 재현해 보여주고 있다. 한 점 한 점 전문가의 설명을 들으니, 조상들의 도자 기술을 한눈에 보는 듯하다. 이런 청자는 배에 실어 송나라 등과 거래하였으며, 마량항에 당시 황포돛배를 재현했다니 마음은 배 위에서 출렁인다.

청자의 매혹에서 겨우 빠져나오니, 바로 길 건너에 가우도가 손짓한다. 강진만의 작은 섬이지만, 밖에서 보아도 자랑할 만하다는 느낌으로 다가온다. 동서를 연육교로 들고나는 섬마을에 들어간다. 아슬아슬한 출렁다리라는 풍성한 소문과 달리 흔들림은 없다. 사람들의 호기심을 이끌려는 섬사람들의 순박한 마음이라 여겨주어야 한다. 그래도 개발의 손길이 덜 미친 섬이라 사람들의 발길이 뜸해 여유롭다. 흙길에 발을 딛는 기분이 보드랍고 마음까지도 가볍다. 혹시라도 흥을 돋우고 싶다면, 갓 잡은 낙지탕탕에 약주 잔을 기울이며 섬을 돌면 될 일이다.

마량포구는 바다를 헤치고 내려가 득량만과 도암만을 사이에 두고 있는 땅끝 작은 항구다. 항구라기보다 바다 냄새와 왁자지껄한 남도 섬사람들의 정감이 넘치는 시골 장터 분위기다. 이런 풍경은 포구라고 해야 맞을 것이다. 치열한 삶 속에 어민들의 애환이 절절이 배어 있는 어촌이기도 하다. 이웃 섬들을 들고나는 사람들을 싣고 나는 여객선과 어선들이 포구의 풍경을 더해준다. 뱃머리 가까이에 비릿한 어촌의 소박함이 고스란히 담겨서 친근함으로 다가온다.

바다를 울타리 삼아 미항美港의 명성을 이어가는 마량포구는 주변에 많은 섬을 오가는 교통의 요충이기도 하다. 턱밑에 조용히 떠 있는 고금도에는 노량해전에서 전사하신 충무공을 현충사에 모셔갈 때까지 매장(가묘)했던 충무사가 있다.

앞바다는 충무공이 함선을 지휘하여 왜군과 싸우던 전장이었고, 전사하시어 운구를 모신 상여배가 지난 길이기도 하다. 충무공의 천지를 가르는 듯 쩌렁쩌렁한 호령과 백성들의 통곡이 겹치어 당시의 상황으로 연상 되니, 긴 묵상에 잠기어야만 했다.

바다는 크고 작은 섬들이 겹겹이 둘러싸 풍경을 만들고 파도를 잠재우니 잔잔한 호수다. 그 위에 마루를 깔고 무대가 들어서니 오페라하우스가 따로 없다. 예술이 숨 쉬는 바다 향에 빠져들 수밖에 없다. 선율이 흐르는 포구의 밤이다. 숙소에 들어 파도 소리를 베개 삼아 내일을 꿈꾼다. 남녘의 포구도 어둠 속으로 묻히어 들어간다.

자연은 변함없이 너그러움으로 안아준다. 어머니처럼 넓은 품으로 나를 맞이한다.

풍경이 있는 여행

이달 두 번째 토요일, 샘골교육가족이 문화답사에 나서는 날이다. 아침까지 흐리던 하늘이 서서히 걷히기 시작했다. 북으로 올라갈수록 햇살이 부시다. 한 달 만에 만나는 회원들이지만 이날만은 이산가족 상봉 못지않다. 만나는 얼굴마다 웃음꽃이 환하게 피어난다. 여행은 출발도 안 했는데 풍경은 차 안에서 미리 보는 것 같다.

여행은 우리 자신에게서 더 소중한 모습들을 발견하곤 한다. 자연에서 보는 풍경보다 더 풍요로울 수밖에 없다. 사람끼리 만들어지는 풍경이니 향기는 더 감미롭다. 기대하지도 않은 온기까지 느끼는 분위기이기 때문이다.

기대와 설렘으로 이런저런 풍경까지 태운 버스는 느릿느릿 출발한다. 안내를 맡은 나는 항상 맨 앞이 내 자리로 매겨져 있다. 때때로 일어서서 차 안 분위기를 살피는 일이 내 몫으로 지워졌기 때문이다. 보기 드문 풍경들은 죄다 내 눈 안에 들어오니 재미가 쏠쏠하다.

버스가 목적지를 향해 달리는 가운데에도 만들어지는 풍경은 쉼 없이 이어진다. 일찍부터 차 안 중간쯤 오른쪽 좌석에 앉은 부부가 들썩이며 풍경으로 다가온다. 60대 초반이나 될까 말까. 그래도 우리 교육가족 가운데서는 젊은 축이다.

아내가 가방을 슬며시 열더니 초콜릿 하나를 꺼내어, 반을 뚝 잘라 남편의 입에 넣어준다. 어미 새가 새끼에게 먹이를 물어다 주둥이에 넣어주는 모양새다. 가타부타도 없이 능청스럽게 받아먹는 남편도 참 가관이다. 나머지 반은 아내의 입으로 들어가며, 실눈으로 마주보며 웃음까지 띤다. 눈가에 생긴 실주름이 비단을 접은 듯 곱다. 초로의 웃음이 초콜릿보다 달콤한 사랑으로 비춰주는 풍경이다.

이번에는 남편 차례인지, 창밖을 보라며 아내의 옆구리를 쿡쿡 건드린다. 아내가 간지럼이라도 탔을까, 눈웃음을 띠며 차창 밖으로 고개를 돌리니, 7월의 싱그러움이 부부의 얼굴에 웃음으로 번진다.

시간이 꽤 흘렀는지, 아내의 눈이 게슴츠레하다. 졸음에 겨워 큰 입을 벌려 긴 하품을 하며, 남편의 어깨에 기대어 꿈속으로 빠져든다. 1초도 지나지 않아 남편의 왼쪽 팔이 슬며시 천장으로 올라가는가 싶더니, 아내의 목을 괴어 팔베개가 되어준다. 아내를 안듯이 보며 빙긋이 웃음을 띠는 바보가 되어도 행복한가 보다. 참 착하고도 아름다운 바보가 보기 드문 풍경을 만들고 있다.

햇살이 심술을 부리듯 아내 얼굴에 쏟아붓는가 했는데, 남자의 손이 조건반사적으로 움직인다. 커튼을 당기어 아내의 얼굴에서 볕을 걷어낸다. 남편의 넓은 가슴이 편안한 요람인가. 부부는 사랑의 단꿈을 빚어 행복한 풍경이 되어준다. 부부의 애정 어린 섬김이 아름다운 풍경으로 다가온다.

또 다른 풍경은 엉뚱한 데서 만나게 된다. 오늘 점심 장소는 남양주 마현에 있는 다산공원 잔디밭 둔덕이다. 다산 정약용 선생의 생가 마을이기도 하다. 이곳 관리인한테 흔쾌히 양해도 받은 데다가, 숲 그늘이어서 딱 맞춤 자리처럼 편하다.

어느 문화답사회나 식사를 담당하는 회원이 항상 수고롭다. 밥과 반찬까지 준비해서 가지고 나온다. 회원들은 숟가락, 젓가락을 들고 순서를 지어 가져다 먹기만 하면 된다. 이런 경우에는 선뜻 앞에 나서지 못하는 사람이 있기 마련이다. 앞장서 이것저것 빼먹지 않고 챙겨가는 사람도 있다. 여정에 맞추어야 한다고 재촉하는 사람은 무거운 책임진 사람들이다. 입이 많으니 먹는 데도 여러 말이 나올 수밖에 없는 분위기지만, 이런 게 바로 우리가 꿈꾸는 여행 풍경이려니 싶다.

오늘 여행에 처음으로 참여한 원로 선배는 어우르기에 서먹한가 보다. 이를 지레짐작한 듯, 한 후배가 밥과 반찬을 챙겨 들고 다가간다. 선배에게 먼저 드시라고 권한다. 또 다른 후배가 수저를 챙겨 뒤따른다. 선배는 감격하여 몸 둘 바를 몰라 선뜻 손을 내밀지 못한다. 여기에 또 한 후배가 삼박자를 맞추어 다가간다. 집에서 담근 복분

자술, 종이컵에 한 잔 가득히 권한다. 이웃한 다른 후배들이 우르르 주변으로 모여든다. 순식간에 한 마을이 이루어지게 된다. 얼떨결에 선배는 촌장이 되고, 그 마을에 인정이 넘쳐난다. 서로를 배려하여 정이 넘치는 사람 사는 마을 풍경이 따로 있을까.

이런 여행에는 실과 바늘 같은 사이로 부러움을 사는 친구들도 있다. 내가 봐도 부부 다음으로 많은 시간을 함께 보내는 친구들이다. 항상 붙어산다고 놀려대기도 한다. 그중 한 친구가 얼마 전에 심장 수술을 받았다. 아직 완전히 회복이 안 되어 참석이 어려울 것이라 여겼는데, 친구가 아침에 그 힘든 친구를 데리고 나왔다. 한 달에 한 번 가는 여행이니, 혼자만 나서기에는 아까웠나 보았다. 온종일 동행하며 곁에서 떠나지 않고, 서로를 챙기는 두 사람의 우정이 보기 드문 풍경이지 않은가.

일행에 끼어 두 친구도 두물머리 강변길을 걷는다. 손을 잡고 도란도란 우정의 꽃을 강변에 피우고 있다. 손에 든 물병에 진한 우정이 담겨있다는 생각이 든다. 한 몸처럼 하루를 함께하고 다니는 둘은 초임 교사 때부터 40여 년 쌓여 온 우정이 남다르다. 쌓인 세월만큼 우정도 두터워졌으리라.

우리의 문화답사 여행은 가서 보는 경치보다 스스로 만들어지는 풍경에 더 흐뭇해한다. 참여하는 회원마다 나름대로 각기 다른 기분으로 나설 것이다. 현직 시절에 직원 여행하는 마음으로 참여하는 사람이 있는가 하면, 어떤 부부 회원은 매번 신혼여행 하는 기분이라고 한다. 이들은 입이 귀에 항상 걸려 있다. 그런가 하면, 학창 시절에 수학여행을 회상하는 사람도 있다. 추억은 항상 마음의 여유에서 나오는 것이니 나름 나름이라 여긴다.

사람은 얼마나 오래 사느냐보다 어떻게 살다가 가느냐가 중요하듯이, 여행 또한 어디를 가느냐는 중요하지 않다. 누구와 어떻게 하느냐가 보람이고 행복한 여행이지 싶다. 오늘 여정의 꽃인 세미원은 팔당호가 삼면으로 둘러싸인 물의 정원이라 할 만하다. 7월의 꽃, 백련과 홍련을 비롯하여 희귀한 나무와 꽃들로 가득하다. 우리가 만든 풍경도 이곳 세미원에 뒤지지 않을 성싶다.

'또닥또닥' 낡은 나무 의자 하나

'길이 끝나는 곳에 암자가 있다.'는 어느 시 제목이다. 사람들의 발길이 멈출만한 곳에는 의례 기도 도량이 있기 마련이 아니던가. 자신을 되돌아보고 수양을 쌓고자 한다면 산만하지 않고 마음을 밝힐 곳을 찾는다는 것은 당연하다.

나는 불자가 아니지만, 모처럼 서울에 사는 딸네 집에 온 김에 도심 속의 수행정진 기도 도량인 길상사를 찾았다. 법정 스님께서 머무르시기도 하였지만, 도심 속의 절이라기에 산책도 할 겸 사람들 틈에 끼어 찾은 것이다. 스님께서는 많은 세월을 두고 중생들의 귀에 가까이 익히는, 주옥같은 말씀을 새겨 주셨다. 스님께서 열반하시어 육신은 뵐 수 없지만, 발자취와 유지만이라도 느낄 수 있으리라는 믿음으로 발길을 서둘렀다.

길상사는 여느 절과는 달리 깊은 산 속이 아닌 서울에 있다. 비록

도심 번화가에서 조금 벗어나 있기는 하나, 성북동이라면 외국대사관들이 줄지어 들어서 있다. 내로라 하는 부자들의 저택이 성처럼 높은 담장을 두르고 위용을 자랑하는 동네이기도 하다.

이런 곳에 길상사가 자리하고 있다니 의아한 생각이 들 수밖에 없었다. 고풍스런 정원과 고래 등 같은 기와집들이 숲을 이루고 있는 동네다. 그리 넓지 않은 언덕길을 따라 올라가다 보니, 동네를 벗어나기 전에 이곳 분위기에 딱 어울리는 절이 조용히 우리를 맞이한다. 일주문을 지나 절 안에 드니 아름드리 느티나무 이파리들이 먼저 하늘거리며 어서 오라고 손짓을 한다.

도심에 있어도 역시 절은 절이다. 깊고 아늑하며 엄숙하고 조용한 분위기를 느끼기에 부족함이 없다. 비록 불자가 아니어도 사람들이 찾을 만한 곳이라 여겼다. 산사처럼 앞이 확 트여 보이지는 않으나, 그렇다고 답답하지도 어둡지도 않다. 오히려 차분하고 주위의 분위기조차 이 안으로 불러들일 만하다고 여겨진다. 여기까지 오르면서 가슴에 와닿는 느낌은, 길상사는 어른으로서 역할을 충분히 하리라는 믿음마저 갖기에 충분했다. 거들먹거리며 사는 사람들을 다독이며, 스스로 자성할 수 있는 마음으로 살라고 가르칠 만한 스승의 역할이지 싶다.

시각이 오전이라서인지, 간간이 사람들이 한둘씩 절을 찾아와 부처님께 공양하고 기도를 한다. 도회의 절치고는 너무도 편안하고 조용하다. 찾는 이들도 엄숙한 분위기에 오히려 압도되는 듯이 발길조차 조심스럽다.

신도들의 숨소리조차 빨려들 만큼 고요 속에서 정중한 자세와 마음가짐으로 절을 둘러보았다. 법정 스님은 이곳에서 기거하시며 많은 저서를 남기셨다. 스님께서는 자신의 말씀처럼 사시다가 열반하신 곳이니 더욱 경외하는 마음으로 일관했다.

절을 찾는 사람들은 기도를 마친 뒤에는 대부분 스님께서 기거하셨던 방과 유품 등을 둘러보는 일이 마치 정해진 절차처럼 이어진다. 평생을 가사 한 벌과 바루 하나로 걸식하다시피 소박한 마음 자세로 살다가 가셨다. 부처님의 삶을 그대로 본받아 실천하시어 적게 먹고, 적게 입고, 적게 자며 어디 무엇에도 구애받지 않고 살아가는 구도자의 자세를 몸소 보여주셨다. 스님의 삶을 그대로 보는 듯하여 마음이 숙연해지고 가슴마저 뭉클해진다. 스님이 살아오신 궤적을 살펴보니 부끄러운 내 삶을 되돌아보게 된다.

스님께서 기거하신 작은 골방, 흙담장 양지바른 자리에 '또닥또닥' 손수 만들어 앉아계시던 낡은 나무 의자가 정겹다. 법정 스님의 유골은 바로 여기 작은 담벼락 아래 비비추가 나풀거리는 옆에 돌로 모셔져 있다. 그 옆으로 작은 푯말이 나를 숙연하게 한다. 잠시 묵념을 올리려니 옆에 담쟁이넝쿨 몇 줄기가 수줍게 웃어준다. 몸소 무소유를 실천하시고 가신 스님의 자취가 더 넓고 깊고 선명하다.

동물원에서

4월은 동네 골목에서부터 큰길로 들어서도 꽃세상이다. 온 세상을 나름의 빛깔과 모양을 지닌 꽃들이 진을 치고 기다리는 듯하다. 천변길 벚나무는 화사한 꽃가지를 늘여 등을 어루만지며, 봄볕에 윤기마저 자르르한 꽃잎들을 뽐내기라도 하듯 양편에 늘어서서 히죽히죽한다. 이럴 때는 아내를 불러내 엘이디(LED) 조명처럼 신비한 꽃 터널 속을 거닐며 우리만의 전설 같은 이야기에 취해보는 것도 괜찮으리라 생각을 하니 가슴까지 설렌다. '그래, 오늘은 꽃그늘 덕에 아내와 더불어 우리 이야기로 취해보리라.' 어렵사리 마음의 결정을 하니, 잃었던 삶에 대한 활력을 되찾은 듯 힘이 솟는다.

그러나 세상만사가 이런 작은 일 하나도 내 뜻대로 안 될 때가 더러 있기 마련이다. 갑작스럽게 걸려온 아내의 전화다. 서울에 사는 막내딸이 해외 출장이라며 내려보낸 손자 녀석들이 내 이런 기특한 상상력을 송두리째 뭉개버리고 만다. 어린 '손자들을 데리고 놀아주어야 한다.'는 아내의 전화, 말이 놀아주는 것이지 애들 비위 맞추기가 그리 쉬운 일인가?

얼떨결에 가냘픈 생머리를 쥐어짜니, 그래도 손자들이 지루하지 않게 호기심을 끌 수 있는 곳은 동물원이 좋을 것이란 데에서 머문다. 마음을 부추기고, 아내와 동행하기로 허락(?)까지 받아 자동차 시동을 걸기까지는 그리 긴 시간이 걸리지 않았다.

동물원이 있는 전주시가지를 벗어나니, 목적지가 가까워졌는지 치맛자락처럼 푸른빛을 두른 기다란 담장이 먼저 다가와 맞이한다. 담쟁이넝쿨이 만만한 상대를 만난 듯이 동물원 담장을 제 맘대로 타고 오르며 자기 색깔로 단장을 해준 것 같다. 이런 동물원은 아무 데나 있는 것도 아니고, 반드시 누구만 보라는 게 아니니 나처럼 맘 내키면 먼저 와서 보는 사람이 임자다.

방학이어서인지 입구에서부터 아이들과 그 부모, 가족들로 북적인다. 이런 분위기에 아내와 손자를 데리고 나온 나는 가벼운 자부심마저 인다. 이 빛 좋은 날에 우렁이처럼 집안에 틀어박혀 있을 아내와 함께 나온 게 '꽃 청춘에 뒤지지 않는다.' 생각하니 가슴이 뿌듯하다. 손자들을 데리고 젊은 부모들이 대부분인 곳에 내가 끼었다는 게 얼마나 대견한 일인가. 이런 느낌은 동물원 안에 들어가서 절정에 달했다.

하얀 띠를 두른 반달가슴곰이 가슴을 내밀어 새끼에게 젖을 먹이고 있다. 수놈에게 부끄럽지도 않은가. 갑자기 어렸을 적에 누님 등에 업혀 콩밭 두렁 뙤약볕에서 어머니의 맨가슴에 안겼던 나를 떠올린다. 생각을 돌려도, 어미젖을 빨며 재롱을 떠는 새끼 곰들의 꼬리가 먼 옛날 누님의 꽁지머리로 보여 눈시울이 뜨거워진다.

긴꼬리원숭이는 새끼들의 노는 모습에 행복한 청춘 부부다. 새끼들끼리 장난을 치다가 한 녀석이 나무에 오르려는데 다른 녀석이 꼬리를 문다. 그리고는 "그것 봐, 지금 세상은 꼬리가 길면 밟히는 게 아니라 아예 물리는 거라고."라며 형으로서 제법 훈계한다. 그런 녀석이 나무에 뛰어오르려다 가지를 헛잡았는지 맨땅에 굴러떨어지고 만다. 원숭이의 망신을 즐기듯 사람들의 폭소가 터진다. 아빠 원숭이가 그 모습을 보고 안타까웠는지, 들창코를 벌름거리며 다가간다. 그리고는 새끼의 등을 핥아주며 아비로서 한마디하는 성싶다. "아들아, '원숭이도 나무에서 떨어질 때가 있다.'는 인간들의 속담이 있단다." 화목한 원숭이 부부, 원숭이 아비의 잔잔한 가르침이 부질없이 사는 인간들을 꾸짖는 성싶다.

원숭이들과 사람들의 소란에, 늙은 낙타가 앞다리에 힘주어 겨우 일어선다. 애처로운 낙타를 보며, 훗날 아내도 '낙타허리'가 될지 모르니 '사는 날까지 쫄깃하게 살아야겠다.'고 다짐을 해본다. 그래도 손자들 웃음 속에 푹 빠져 있는 아내의 모습이 다행이지 않은가.

그 옆집으로 어웅한 토굴을 들락거리는 토끼 가족이 다른 동물들과 달리 10남매가 넘을 듯 다동多童이 가족이다. 잡다한 지저깨비들을 얼기설기 포개놓고 위아래로 넘나들기도 하고, 토굴 속을 들락거리며 숨바꼭질 같은 삶이 부러울 만하다. 역시 가족이 많으면 행복해 보인다.

그런가 하면, 휘우듬이 기대어 있는 사다리 위에서 침통하게 내려다보는 침팬지 '카이'의 희끄무레한 눈빛이 진정한 삶을 놓친 사람들 같다. 철없는 '하릅코뿔소' 옆에 긴 어금니를 드러낸 수코끼리와 어금니 없는 암코끼리는 각기 딴 방을 쓰고 있다. 몸집 큰 어른답잖게 부부 사이에 금슬이 안 좋아서일까. 자식이라도 두었더라면 오늘 나처럼 손자들 재롱으로 행복했을 텐데.

모퉁이를 돌아보니, 호랑이와 사자는 조련사의 채근에도 '날 잡아서 잡수'라며 배짱을 내고 희멀건 눈빛으로 좁은 우리에서 딴전만 피운다. 덩치 큰 곰도 낮잠으로 하루를 때우는지 아이들이 소리소리 질러대도 눈 하나 꿈쩍 않는다. 동물들도 자존심이 있는데, 이 사람 저 사람이 할랑거린다고 시큰둥하는가. 아니면 이런 곳에 갇혀 맹수의 본성이 퇴색되어 버려서일까.

스라소니도 왕년의 주먹세계를 주름답던 깡다구를 어디에 버렸는지, 안에 숨어 눈치 살피기에만 여념이 없다. 차라리 어슬렁대다 관중을 노려보며 짖어대는 늑대가 밀림의 맹수답다. 오물 같은 진흙뻘 속에 몸을 숨기고 아귀처럼 큰 아가리를 벌여 하품이라도 하는가 싶더니, 흙탕물에 자맥질하는 하마도 가관이다. 이런 맥없는 동물들을 보면, 젊었을 때의 패기를 잃어가는 나를 보는 것 같아 씁쓸하기도 하다.

동물원 밖으로 나와 언덕에 오르니, 목이 밀정한 기린이 황혼을 넘겨보는 속 깊은 어른의 품성으로 지난 세월을 되짚어보는 듯하다. 나도 모르는 새에 젊었을 적 혈기마저 식어버린 것은 아닌지. 이제라도 새로운 것에 대한 호기심과 약간의 생동감일지언정 진정한 삶을 찾아야지 않을까? 동물원을 돌아보며 잃을 뻔했던 생활의 리듬과 균형 있는 삶까지 되찾은 성싶은데, 바로 뒤에 녹음 짙은 여름이 헐떡거리며 무서운 기세로 달려오고 있다.

제 6 장

에펠탑과 세느강

에펠탑은 어린 자식을 '뽈깡' 안아 올려 목말을 태우는 아버지 어깨 같다. 너른 세상을 긴 안목으로 보며 살라는 아버지의 자상한 마음으로 읽힌다. 에펠탑과 달리, 세느강은 '이뿐놈 미운놈' 안 가리고 안아 품는 어머니의 가슴이 아닐까? 물살을 가르며 나아가는 배는 거친 세상을 헤쳐 가는 모성애와 다름이 아니다. 루브르박물관은 성性과 시대를 관통하는 인간의 숭고한 정신을 품고 있다. 인간의 혼으로 빚은 예술로 신과 인간이 교감하여 미美적 선善의 세상을 꿈꿨지 않았을까.

한글 간판이 반기다

2002년 8월 18일, 아들딸들의 전송을 받으며 생애 첫 해외 나들이에 나선다. 막내딸의 정성이 담긴 김밥과 옷가지 등이 담긴 가방을 끌고 버스터미널에 도착했다. 새벽공기가 차갑지만 인천공항까지 데려다줄 버스를 기다리는 설렘으로 추위를 타거나 지루하지도 않다.

긴 시간 기다린 뒤, 오후 1시 5분에 중국 민항기에 탑승했다. 좌석이 아내와 떨어져 있는 데다 고질병인 고소공포증마저 괴롭혀온다. 비행기 안은 중국을 여행하려는 사람들로 만원이다.

이윽고 비행기는 굉음을 내며 활주로를 박차고 공중으로 오르고, 하늘에서 내려다보는 바다가 비단을 펼쳐놓은 듯하다. 인천 하늘이 호수이고 도시가 바다에 잠겨있을 뿐 띄엄띄엄 수를 놓은 듯 섬들이 떠 있다. 마치 한 폭의 동양화 속에 들어있는 기러기라는 느낌이 든다.

2시간여 비행하여 북경공항에 안착했다. 우리나라 고속버스 터미널 같은 공항 터미널에 앉아있는 사람들 대부분이 한국인이어서 서먹한 느낌은 들지 않는다. 그러나 한편으로는 '우리가 중국 사람들을 먹여 살린다.'는 탄식이 여기저기서 불쑥불쑥 튀어나온다.

그나저나 아침부터 서두르고 긴장한 탓인지 배가 슬슬 아프고 피곤이 몰려온다. 아내가 뭣이라도 입맛을 다시라지만 도통 당기지 않는다. 처음으로 나서는 해외 나들이여서 그런지, 어느새 집이 그리워 오고 손자들이 눈에 어른거린다.

예정한 시간보다 1시간이나 늦은 저녁 7시 30분에 연길에 가는 비행기에 오른다. 시간이 급했던지 탑승객이 오르자마자 비행기는 육중한 몸체로 굉음을 내뿜으며 미끄러지듯 활주로를 박차고 하늘로 솟구친다. 비행기에서 내려다보는 북경시가지는 연무에 가려 희미하다 못해 깜깜하다. 간혹 자동차 두서너 대가 비추는 불빛이 도깨비불처럼 보일 뿐이다. 우리가 지나온 거리나 시가지, 교외의 촌락들도 안개 속에 묻혀 있다. 답답한 세상에 내던져진 느낌이다.

밤하늘을 가르며 날고 있는 비행기 안에서 잠이라도 들려고 하지만 오히려 정신은 말짱하다. 두려움 증세에다 아들딸들과 손자 손녀들이 한시도 내 머리에서 떠나지 않는다. 형제, 친구들과 친척들까지 따라와 멀뚱히 나를 바라본다. 거칠 것 없는 하늘 세상에서 나만의 시간으로 지나온 삶을 되돌아본다. 이런저런 생각들이 앞을 다투어 왔다가는 사라지곤 한다. 생애 처음으로 하는 해외 나들인데, 두려움에 쓸데없는 걱정까지 안고 가다니 참 한심한 사람이려니 싶다.

비행기에서 내려다보는 중국 땅은 우리 땅과 그다지 다른 게 없어 보인다. 사방에 묘포장이다. 사막이 많은 땅에 매년 황사가 심하니 잘한 일이라 본다. 봄이면 여기에서 발원한 황사가 서해를 건너와 우리를 얼마나 괴롭히는가. 해마다 상당한 국토가 사막화되어가는 중국, 황사를 막기 위해 대대적인 조림을 계획하여 실행에 옮기고 있으니 다행이다. 석양 무렵 공항에서 들판을 가로지르는 길가의 가로수가 우리나라 시골길로 이어지는 착각에 빠지기도 한다.

지금은 깜깜한 밤하늘, 비행기에서 내려다보는 땅 위는 간혹 손전등처럼 희미한 불빛으로 사람이 사는 곳임을 짐작할 뿐이다. 지금 시각은 저녁 9시로, 우리나라로 치면 초저녁이다. 비행기는 오지의 산등성이 위를 날고 있는 까닭일까. 온갖 생명체가 고요 속에 잠들어있는 시각이다. 중국은 무한한 잠재력으로 무섭게 다가올 것 같다.

이런저런 상상에 잠겨있는 사이에 연길시가 가까워지는가 보다. 비행기의 고도가 낮아지며 숨을 몰아쉬듯 요동을 한다. 비행기를 맞이할 활주로는 희미한 불빛 하나 보이지 않는다. 낮은 상태에서 고도가 한참이나 유지되어 날더니 땅에 사뿐히 바퀴를 내려서 굴리는 것 같다.

연길공항은 시골의 공용버스 터미널이나 비슷하다. 주변 환경이며 분위기가 썰렁하다. 청소가 안 된 화장실은 물이 나오지 않는다. 용변을 볼만한 화장실 대신에 건물 옆으로 기다랗게 구덩이를 파놓았다. 모두가 바지를 엉덩이까지 내놓고서 일렬로 쭈그리고 앉아 용변을 본다. 우습기도 하고, 참말로 표현할 수 없을 만큼 어색하다. 제대로 용변을 볼 수가 없다. 양옆으로 쭉 앉아있는 모습을 보니 전선줄에 앉은 제비들 같다. 너무도 지저분하여 발을 어디에 디딜지 망설이다가 일어서고 만다. 제대로 용변을 보지 못해 산기가 있는 임산부처럼 온종일 더부룩한 배를 움켜 안고 다닌다. 이런 몸 상태이니 제대로 구경을 할지 걱정이 앞선다.

숙소인 대우호텔까지 오는 데 시가지는 우리의 읍소재지에 견줄만하다. 사람들의 발길도 뜸하고 어쩌다가 지나치는 자동차와 자전거, 사람들의 발길도, 인도와 차도 구분이 되어 있지 않다. 무질서하게 걷고 달려도 사고가 나지 않는 게 신기할 정도다.

택시는 아주 작은 소형이고 새로 나온 차는 드물다. 시가지의 모습이며 풍경은 구석진 시골티에서 못 벗었다. 거기다 교통질서는 기대하는 게 무모한 짓이다. 차선도 지키지 않고 제멋대로다. 도로를 보수하는 노동자들도 위험 표지 하나 없이 우리를 태운 버스가 알아서 비껴가니 가슴은 벌컥벌컥 손발이 저려온다. 그나마 다행인 것은 한산한 거리인데도 모든 차량은 추월하지 않고 천천히 뒤를 따른다. 역시 서둘지 않는 중국 사람들의 여유로운 국민성(만만디)이다.

시가지 가로등은 가뭄에 콩 나듯이 드문드문하고, 여기저기 큰 건물들을 짓고 있는 모습만이 바쁘다. 건물들의 한글 간판이 이웃사촌이나 되는 듯이 낯설지 않게 반갑게 맞아준다. 이곳이 우리 한민족이 많이 사는 (연길)자치주라니, 부디 행복하기를 기원한다.

백두산 가는 길에

2002년 8월 19일, 오늘은 백두산에 오르는 여정이 기다리고 있다. 우리 땅을 가는 데 남의 나라(중국 만주)로 돌아서 가다니 말이 되는가. 그래도 설레는 마음 따라 연길시의 아침 하늘이 푸르다 못해 진청색이어서 위로로 삼는다. 먼 산 위로 희끄무레한 안개구름이 솜털처럼 몇 조각 흘러간다. 하지만 아직도 황사가 남아 있어 우리를 괴롭힐까 조금은 걱정이 된다.

아침 7시 30분에 기상하여 버스에 올라 대두호텔을 출발했다. 연길시는 중국에서 두 번째로 택시가 많다지만, 일터로 가는 사람들과 섞여 달리는 모습이 눈에 설다. 가끔 소형승용차와 자전거가 섞이어 묘기를 하듯 달리니 아슬아슬하다. 자전거 천국이라 해도 이상할 게 없다지만 횡단보도도 지키지 않는다. 어쩌다가 보이는 신호등도 무시하고 자동차와 자전거, 사람들이 섞이어 건너고 있으니 법이고 규칙이 무슨 소용이 있겠는가.

우리를 태우고 다니는 버스 기사는 맨발에 윗옷을 입지 않아 일행, 특히 여자들이 불편해한다. 그런 낌새를 눈치챈 안내양의 표정에 못마땅한 기색이 역력하다. 비로소 우리는 안내양의 속내를 알아차렸다. 그녀의 마음은 동포보다 함께 사는 이웃(중국)이 더 가깝다는 것을. 그런 뒤로는 안내양과의 거래가 적어지고, 기사에 대한 불편한 기색은 묻어두기로 했다.

차창 밖으로 보이는 연길 시내 곳곳에 사람들이 웅성웅성 삽과 괭이를 들고 땅을 파헤치며 길을 닦느라 땀을 뻘뻘 흘리는 모습이 눈에 익숙하다. 우리가 4, 50년 전에 했던 새마을운동을 여기서 보는 듯해 뿌듯하다. 시가지는 온통 건축 붐이지 않은가. 아니나 다를까, 연길시는 올해부터 새마을운동 3년 계획을 추진하고 있다는 안내양의 설명이 궁금증을 풀어 준다.

시가지를 벗어나니 논벼, 옥수수, 길가의 코스모스, 낡은 지붕은 우리의 시골 농촌을 옮겨 다 놓은 것 같다. 가도 가도 끝이 보이지 않는 대평원, 논과 밭에는 사람들이 엎드려 일하고 있다. 어렸을 적에 보고 겪은 우리의 농촌처럼, 가난했던 시절을 여기서 되돌려본다.

게딱지처럼 풀 섶에 덮인 초가마당에 하얀색 빨간색 빨래가 깃발처럼 펄럭인다. 가끔 일렬로 늘어선 문화주택단지도 개발이 한창인 모습으로 보여준다. 이런 환경을 보니 아직도 가난에 허덕이는 동포들의 힘겨운 삶으로 보여 가슴이 저리다. 길옆 밭에서는 아들과 어머니가 옥수숫대를 잘라 '잘근잘근' 씹고 있는 모습이 차창 밖으로 슬쩍 지나친다. 어렸을 적 농촌에서 자란 내 모습이어서인지 짠하게 다가온다.

이런저런 풍경에 젖어 있는데, 북한 쪽 국경선이 가까워지고 있다고 앞에서 누군가가 탄성을 지르듯 큰소리로 외친다. 조금 있으니 앞에 초소가 보이고, 앳된 군인이 차를 세워 검문한다. 휴게소라기에 모두가 우르르 내린다. 만주 대평원을 긴 시간 달려서 왔으니 용변이 급했으리라. 하지만 화장실에 도착하기도 전에 모두가 실망한 눈빛이 역력하다. 앞서간 사람의 찡그린 표정을 보고는 모두가 울상이 되어 코를 빠뜨린다.

배를 움켜잡고 구부정한 자세로 겨우 다가가 보니 화장실이라기보다 3, 40년 전 우리나라 측간보다도 못하다. 건물 옆 언덕에 파놓은 기다란 구덩이에 일렬로 쭈그리고 앉아, 바지를 내리고 용변을 보는 '응급용변해결소'라고나 해야 할까. 우습기도 하고 참말로 표현할 수 없을 만큼 어색하다. 제대로 용변을 볼 수가 없어 슬쩍 곁눈질로 옆을 보니, 양옆으로 엉덩이를 내놓고 늘어서 앉아 있는 모습이 마치 전선줄에 앉은 제비들 같다. 너무도 지저분하여 발을 어디에 디딜지 망설이다가 일어서고 말았다. 그래도 사람들의 인정이 따뜻하고 촌각을 다투는 용변이니, 다가가서 해결하는 사람들도 더러 있어 다행이다.

백두산에 도착까지는 1시간 반 정도 남았다. 이곳 시간으로 11시 30분, 한림식당(조선족 운영)에서 점심을 마쳤다. 대부분 한국 사람들로 붐비어 낯설지 않아 식사를 마치고, 곧바로 출발하여 장백산맥에 들어섰다. 백두산으로 이어지는 도로는 양봉업자만이 출입이 된다는데, 잘 가꾸어진 꽃길로 관광객을 맞이하느라 신경을 많이 쓰고 있었다.

드디어 백두산 입구 산문에 도착했다. 입장권을 사서 차로 다시 백두산 정상에 오르는 쪽으로 향한다. 오를수록 장관이 모습을 드러내 우리를 놀라게 한다. 장엄하다는 말밖에 다른 표현이 떠오르지 않는다. 희끗희끗 사스래나무가 뼈처럼 여윈 줄기를 드러내어 우리를 반긴다. 백두산 이름을 따라서 그런지 나무마다 줄기가 올망졸망 산들이 바다처럼, 목장처럼 펼쳐져 있다. 백두산 또는 장백산이라 부르는 까닭은 일 년 중 긴 기간 동안 눈으로 덮여 있기 때문이란다. 산중턱에서 짐을 실은 차는 20분 정도 올랐다. 길가에는 침엽수림으로 그득했다. 아, 백두산 정상이 눈앞이다. 능선을 따라 구름옷을 두르고 우뚝 솟아있는 우리의 영산, 백두산이 우리를 맞이한다. 장백폭포에서 내리쏟는 물줄기는 마치 비단을 펼쳐 내린 듯 장엄하다.

아, 여기가 천지다. 극락세계가 이럴까? 사람마다 한마디씩 한다. "죽어서라도 이곳에 묻히고 싶다."고. 나무는 보이지 않고, 잔디처럼 평평한 잡초밭 위에 이름 모를 야생화가 수를 놓고 있어서인지 친근하게 다가온다. 연중을 통하여 오늘처럼 쾌청한 날씨는 드물단다.

안내자가 침이 마르도록 우리를 추켜올린다. 우리 일행은 "복 받은 분들"이라고.

백두산에서 장백폭포로 내려가니, 천지에서 내리는 물이 폭포를 만들고 송화강으로 흘러간다. 찢긴 듯, 깎인 듯, 허문 듯 갈라진 산이다. 백두산은 민족의 영산靈山이라 할만하지 않은가. 산줄기마다 구비 마다 옥수玉水가 흐르는 것만으로도 가슴이 시원하게 뚫리는 듯하다. 천지 너머에 보이는 봉우리들은 분명 우리 땅일 텐데, 남의 나라에 와서 사진 구경하듯 바라만 보다니 할 말을 잃는다.

일송정 소나무는 어디로 갔을까

2002년 8월 20일 아침 6시, 태양은 어김없이 솟아 동녘 하늘가는 벌써 불그레한 홍시 빛으로 물들어 있다. 호텔 마당에 다람쥐 한 마리가 꼬리를 치켜세우고 기웃기웃하다가 바위 틈새로 사라진다. 산골의 아침은 사람보다 이런 미물들이 더 부지런한가 보다.

엊저녁 식사가 조금 부실해서인지, 아침은 그런대로 먹을 만하게 차린 듯하다. 찐빵에 쌀죽, 햄 등으로 우리의 입맛에 맞추어 다행이다. 식사를 마치자마자 백두산 입구(장백산 문)를 빠져나와서 이도백하진(면)을 지날 무렵, 사람들이 모여들고 있다. 아마도 장날인 성싶어 사람들 옷차림을 보니 시골티를 못 벗어 보인다. 우리의 4, 50년 전으로 거슬러 가보는 모습이다.

8시 35분에 안도현 송강진에 도착하니, 어제 점심 식사한 곳이다. 마을 앞에는 실개천이 흐르고, 아낙네들의 빨래방망이 소리가 어렸을 적에 누님 형수님들을 불러온다. 그 시절 고향 마을 앞에는 들샘이 있어 사시사철 물이 넘쳐흘렀다. 동네 누님 형수님들의 빨래방망이 소리, 웃음소리로 온 동네가 시끌벅적했었다.

여행은 때로 추억까지 불러오는 마법인가 싶기도 하다. 용정으로 가는 길에는 가끔 마을이 있고, 상점 앞에는 웃통을 벗은 젊은이들이 하릴없이 서성이고 있다. 밥벌이할 일거리가 없으니 어찌할까. 허름한 집 주변에는 잡초가 무성하고 장작더미가 제멋대로 헝크러져 있다. 소달구지를 끌고 가는 사람과 타고 가며 무언가 큰 소리로 말을 하는 소년이 어렸을 적 내 모습이다. 손수레에 자전거를 매달고 사람까지 태워 끌고 가는 사람들이 가난의 상징 같다. 이곳에서 활동했던 우리 독립투사들의 삶이 저러했을 것이다.

중간에 김좌진 장군의 청산리 전투로 유명한 역사의 현장을 지나고 있다. 원시림이랄까 처녀림이랄까, 아직 사람의 발길을 들이지 않은 원시의 숲을 가르고 쭉 뻗은 도로를 달린다. 장백산맥을 넘어 용정으로 가고 있다. 우리의 선조, 애국지사들의 숨결을 느끼니 가슴이 짠해진다. 이곳에 와서 우리가 얼마나 자유와 문화적인 삶을 누리는지 비교가 되어 실감하게 된다.

하늘을 이고 자연 속에 묻혀 숨 쉬는 태고의 원시림 속을 달리고, 또 달려도 끝을 보여주지 않는 첩첩이 산이다. 뚫린 길 폭만큼만 하늘이 조각보처럼 보일락 말락 한다. 온종일 푸름 속을 달리니 피곤을 모르는가 보다. 나무들 사이로 살짝 숨어든 햇살까지도 잠깐 얼굴을 내밀다가 수줍은 듯 이내 숨어버리곤 한다.

긴 여정 뒤에 휴게소는 목마름을 해소하는 청량음료라고나 할까. 버스가 멈추니 모두가 기다리기라도 한 듯이 화장실로 줄달음친다. 휴게소에는 삶은 옥수수와 참깨를 파는 사람들로 더 많이 붐빈다. 참깨는 우리하고는 비교가 안 될 정도로 가격이 싸다. 이곳 사람들에게는 시골 장터 같은 삶의 현장이라고 해야 할 것이다.

11시 15분, 술공장이 많다는 두터진을 지나다 보면, 용정 일송정을 만나게 된다니 가슴이 설레어 온다. 안내양의 설명이 끝나기가 무섭게 일송정, 비암산 정상 끄트머리에 정자가 서서 기다린다. 노랫말로 유명한 일송정 소나무는 온데간데없고, 선구자 노래 가사만이 은은히 흐르는 듯하다. 저 아래 해란강이 흐르고, 강을 비단처럼 두른 용정시가 다소곳이 자리하고 있는데 일송정 소나무는 어디로 갔을까?

잠시 용정시 들머리에서 내려 일송정 옛터를 배경으로 기념사진에 담느라 북새통이다. 이까짓 사진 한 장이 무슨 의미가 있을까마는, 이렇게라도 해야 마음을 달랠 것 같다. 윤동주 시인이 근무했던 대성중학교로 발길을 들인다. 시인께서 근무하셨던 옛 건물은 기념관으로 꾸며 역사기념물들을 전시하고 있다. 민족혼의 개척지이자 항일 독립운동의 중심지이기도 한 이곳 용정에서 시인의 발자취를 더듬는다니 감개무량하다. 현재 대성중학교에는 재학생이 남녀공학 2,500명으로 모두 조선족이라 한다.

서시

— 윤동주

하늘을 우러러 한 점 부끄럼이 없기를
풀잎에 이는 바람에도 나는 괴로워했다
별을 노래하는 마음으로
모든 죽어가는 것들을 사랑해야지
오직 나에게 주어진 길을 가야겠다
오늘 밤에도 별이 바람에 스치운다

용정시 주변 산과 밭은 사과와 배 등 대부분이 과수원이다. 그 옛날 우리의 아픈 역사를 알고 있는 해란강은 용정시를 품고 세정평야를 적시어 풍요한 수확을 만들어내고 있다. 우리 선조들의 아픔을 잊었는지, 강은 예나 지금이나 유유히 흐른다. 9월 3일은 '연길조선족자치주' 창립 50주년이라며 식당 주인부터 들뜬 마음으로 자랑을 늘어놓는다. 동포로서 몇 번을 축하해도 넘치지 않을 성싶다.

시가지 풍경은 가끔 승용차만 몇 대씩 지나갈 뿐이다. 저 멀리 희끄무레한 산이 북한 땅일 것이다. 지척에 두고도 갈 수 없는 우리 땅, 손을 뻗으면 금방이라도 닿을 듯하다. 도문에 도착하니, 두만강 건너에 함경북도 남경시가 바로 눈앞이다. 갑자기 앞에 서 있는 내 땅이 나를 바라보지만, 나는 먼 곳만 응시할 뿐 할 말을 잃었다. 두만강은 생각보다 강폭이 좁고 물도 얕다. 우리 고장을 흐르는 작은 시냇물보다 더 빈약해 보인다. 목숨을 걸고 저 좁은 강을 건너올 탈북동포를 가슴에 그리니 답답해진다. 사진 한두 컷 찍고 힘 빠진 걸음을 옮긴다.

오후 4시 20분, 다시 연길시로 되돌아와서 잠시 북한상품전시장에 들렀다. 하나같이 소박하여 호감은 가지만 특별히 살 만한 물건이 없고, 소용도 없어 발길을 돌린다. 5시에 연길식당에서 저녁 식사를 하고 북경행 비행기를 타야 하므로 서두른다. 돌솥밥이 우리와 거의 비슷하여 입맛에 당기니 다행이다.

그 옛날 우리의 독립투사들도 저 속에 숨어 활동했으리라. 20대에 불과한 윤동주 선생은 선구자로서 이역만리 이곳에서 조국의 독립을 위해 몸을 바치셨다. 북한 땅이 강 건너 지척인데 연길시는 분단의 아픔을 모르는지, 두만강과 어울리어 평화로운 풍경으로 보여주기에 바쁘다.

'빨리빨리'와 '만만디'를 생각하다

2002년 8월 21일, 북경에 발을 디딘 첫날부터 맑은 날씨 덕에 상쾌한 여행으로 이어지고 있다. 오늘은 아침 4시 30분경에 일어나 6시에 식당에 가니 일행들이 보이지 않았다. 놀라서 안내양을 불러 알아보니 6시 30분이 식사 시간이란다. 가이드가 분명하게 알려 주지 못해 미안하다고 여러 번이나 사과를 하고 또 하니 오히려 성가시다. '예의가 지나치면 예의가 아니다.'는 옛말이 이를 두고 하는 말인가보다.

6시 30분이 지나서 빵과 만두, 쌀죽과 밥으로 아침 식사를 했다. 한국 사람이 많이 들르니 우리 입맛에 맞추어 준비해 불편이 없는 식사다. 7시 10분에 시내 관광에 나섰다. 시가지는 자동차와 자전거가 섞이어 달리니 출근하는 모습이 활기가 넘치는 것 같으면서도 혼잡하다. 삽과 괭이를 들고 일터로 나가는 노동자들을 보며 아직은 기계화가 안 된 중국의 현재를 본다. 그래도 연길시보다는 교통 규칙을 잘 지키는 것 같아, 한 나라의 수도답다는 생각이다.

북경의 도로는 순환형이어서 5차선이다. 차량의 흐름이 비교적 여유롭다. 북경은 서울의 40배나 넓다지만 인구는 1,300만 명이다. 북경의 기온은 보통 40도가 넘고, 56도까지 오를 때도 있다니 가히 살인적인 더위다. 북경에서 만리장성으로 가는 길이다. 말로만 들었던 곳에 간다니 상상은 온통 머릿속을 꽉 채우고 있다. 만리장성까지는 왕복 6차선 고속도로로 달려 1시간 30분 정도 소요된다.

가는 도중에 황제들의 능이 안치된 지하 궁전에 들렀다. 이곳에서 명나라 13대 황제인 정릉은 지하 궁전으로 상상을 초월할 만큼 화려하다. 우리 선조들의 유물이 정교하고 예술적인 데 비해 거칠고 투박하다. 오직 죽은 황제들의 안위와 평안을 위하는 웅장한 지하 궁전과 조각들, 백성들의 희생이 얼마나 컸을까. 백성들의 고혈로 쌓은 궁전이려니, 가슴이 답답하다.

11시 45분, 만리장성 못미처에 북경대식당 '사위'에서 점심 식사다. 한꺼번에 천여 명이 식사를 할 수 있는 큰 식당에 발 디딜 틈이 없을 정도로 대만원이다. 더구나 이 많은 손님의 60퍼센트가 우리 한국사람이라니 자부심이라도 들어야 할지, 아니면 외화 유출이 걱정이라고 해야 할지 난감한 상황이다.

우리는 여기 중국에 왔으니 무엇을 배워가야 할지, 가짜? 무질서? 아니면 '만만디:천천히'라도 익혀가야 할 것인가. '빨리빨리'에 익숙한 우리에게는 '기다림의 여유'라도 배워갔으면 이번 여행에서 얻는 값진 보람이지 않을까 싶기도 하다.

30분 정도 달려 만리장성에 왔다. 북쪽 흉노족의 침략을 막기 위해 쌓은 이 성은 진시황이 완성(잇고, 확충, 복구)하였으며, 지금은 북경 쪽 팔달령만이 완벽하여 관광객들로 붐빈다. 끝없이 펼쳐지는 너른 땅, 가도 가도 광활한 벌판에 도시와 촌락이 어우러져 있고, 강과 들은 끝을 보여주지 않는다. "하룻밤을 자도 만리장성을 쌓는다."는 속담을 설명해준다.

"북경으로 과거를 보러 가는 선비, 산속을 헤매다가 불빛이 보이는 초가를 발견한다. 집주인 여인과의 하룻밤, 이튿날 여인의 편지를 들고 홍자령에서 일하던 남편에게 전한다. 하룻밤을 남의 여자와 지낸 죄로 남편 대신 성을 쌓는 일에 평생을 바친다."는 이야기가 안타깝다.

만리장성은 기암괴석을 품고 있는 큰 산들이 첩첩이 쌓여있다. 사람들 틈에 끼어 장성을 걸어보니, 어딜 가나 돈벌이에 찰싹 붙는 사람들이 발에 치일 정도로 무서운 느낌마저 든다. 만리장성 벽돌 한 장 한 장 밟을 때마다 우리는 돈을 낸다. 심지어 화장실이라고 의지가지 지어놓고 소변 한 번 보는 데 200원을 내놓으란다.

중국 사람들의 상술에 휘말려 너도나도 중국 관광에 나서는 우리가 바보라는 생각까지 들 정도다. 심지어는 우리를 안내하고 안전까지 책임져야 할 안내자까지 장사에 뛰어든다. 가이드 일은 뒷전이고, 체면이고 염치도 다 내려놓고 오직 물건을 파는 데에만 온 정신이 팔려있다. 우리는 지금 이 사람들의 상술에 놀아나고 있는 것인가?

만리장성 관광을 마치고 계림과 용경협을 추가하여 용경으로 가고 있다. 긴 시간 동안 버스는 달려도 끝은 나타나지 않고 평원을 헤매는 느낌이다. 가는 길마다 계림의 축소판이라 할 만큼 신비한 풍경이 물 흐르듯 스쳐 지나간다. 3억 년 전에 지각운동으로 생겼다는 협곡은 호수와 강, 울창한 숲이 기묘한 바위와 조화를 이루며 신선만이 놀 법한 풍경을 만들었다. 25달러를 지불하고 30분 정도 걸리는 협곡을 들여다본다.

빵이라고 하는 작은 차에 6명씩 타고 호숫가로 간다. 1시간 정도 유람선을 타고 기기묘묘한 풍경에 탄성들이 터져 나온다. 물 위에 쑥색의 수제비처럼 띄엄띄엄 떠 있는 섬들이 신비롭다. 두둥실 어름이 떠다니고 구름섬도 떠서 흐른다.

마음에 산을 담으려 하니 물과 바람까지 따라 담기려 한다. 한 폭의 동양화로 내 마음을 묶어버린다. 물 위에 산이 떠 있고 덩달아 나도 떠 있다. 하늘에 구름이 흐르니 덩달아 나도 따라 흐른다. 이 맑은 호수에 떠서 정녕 나는 어디로 떠가는 것일까. 깎아지른 바위벽에 아스라이 박힌 듯 어린 새끼 나무들이 물에 빠질세라 마음이 저려오는구나. 나 언제 또 이 산들을 벗 삼아 일행들과 술잔을 기울일 것인가. 나는 지금 신선이 되어 용경협 호수 위를 떠다니고 있다. 신선이 되어 있다. 섬섬옥수 맑은 물에 네 마음에 나를 담그니 그림 속에서 노니는구나.

떨어지지 않는 발길을 돌려 북경이 가까워지니 자욱한 매연에 가려 온 세상이 희끄무레하다. 전에 노닐던 용경협하고는 딴판이니 너무 급하게 서두는 산업화와 공업화가 인간의 삶의 질을 파괴하는 것은 아닌지, 차마 못 할 일을 하고 있다는 느낌을 지울 수가 없다. 뿌연 매연은 산과 강과 들이며 세상의 모든 것들을 여지없이 묻어 버리고 있다.

저녁 5시 10분, 저녁 식사 장소로 가는 길에 잠시 노점에 들른다. 아내가 과일을 사서 일행들과 나눠 먹는다. 상인들의 말투나 익숙한 상술에서 자주 들르는 한국 사람을 노리고 있음을 알 수 있을 것 같다.

6시 20분, 도로가 차량으로 상당 시간 정체되어 식당에 좀 늦게 도착한다. 전통이 있는 식당으로 모든 코스요리가 중국 전통식이다. 오리를 즉석에서 구워서 요리하여 식탁에 올린다. 식사를 마치고 숙소로 오는 길도 정체다. 시내 곳곳이 개발과 건설 중장비 소리로 천지를 진동케 한다. 우리도 한때 그랬던 것처럼 후진국에서 벗어나려는 개발의 역동성이 숨을 막히게 한다. '만만디'에 익숙한 사람들이니 시행착오나 후유증은 덜하려나 싶기도 하다.

행복을 안고 오다

2002년 8월 23일, 오늘은 다른 날보다 이른 아침 5시 30분에 기상할 만큼 부지런 떤다. 거의 새벽에 식사하고 곧바로 버스에 올랐다. 북경 공항으로 출발하여 9시(한국시간 10시) 비행기를 타야 한다. 집을 나설 때의 걱정과 긴장은 어디 가고, 긴 여정에도 별다른 탈 없이 오늘까지 왔다. 나이에 비해 지치거나 뒤처지지도 않고 여행을 마무리하니 얼마나 큰 다행인가.

첫날 여행길에 오를 때하고는 딴판으로 마음이 한결 가볍고 여유롭다. 북경의 아침 시가지 모습도 대도시답지 않게 한가하다. 인파 속을 헤집고 간간이 이어지는 자동차 길을 비켜서 시장 풍경을 경험해보기도 했다.

시가지는 가시거리가 1킬로미터도 안 될 정도로 연무가 칙칙하지만, 아직은 개발도상에 있으니 그러려니 접어두기로 한다. 북경은 시가지 중심을 제외하고는 대부분 석탄을 연료로 사용하니 불가피한 일이다. 우리를 위해 봉사한 안내양에게도 고맙다는 인사를 번번이 하곤 했다. 연변에 사는 조선족이어서 동포애를 느끼려니 한결 부드럽고 명랑한 여행이 된 것 같다.

특히 이번 여행에서 조금 불편했던 점은, 함께 온 일행한테 오해를 불러들일 만큼 안내양이 우리 부부에게 과잉 친절을 베풀었다는 게 께름직하다. 우리 부부는 그런 줄도 모르고 지내왔는데, 여행 마지막 날에 곁에서 누군가가 일러주어서 알게 되었다. 자초지종을 변명할 기회도 없이 헤어지려니 안 들은 것만 못하다. 오는 내내 마음이 편하지만은 않다.

그러고 보면, 어느 공동체에서든, 누구에게나 한결같은 마음으로 공평해야 한다는 것이다. 사정이야 어찌 되었든 이번 오해는 모두 내 불찰이지 않은가. 나를 아는 누군가가 여행사에 부탁한 모양인데, 나는 전혀 낌새를 눈치채지 못했다. 내가 어둔한 탓으로 돌려야겠다.

이번 여행에도 가장 큰 소득은 내가 형도 되고, 오빠도 되었다는 게 얼마나 기쁜지 모른다. 처음 여행길에 나설 때는 서먹서먹한 분위기였는데, 날수가 쌓이며 서로의 속내를 들락거리다 보니 하나로 가까워졌나 싶다. 내 이름 끝 '월'자 만 따다가 '워리 오라버니'니 '워리 형'이라며 하나같이 스스럼없이 대하고 다가오니 기쁨은 가늠하기조차 어렵다.

중국 여행에서 퍽 재미있는 이야기도 있다. 중국 사람들은 세상을 다하는 날까지 3가지를 경험하지 못한단다. 땅이 워낙 넓고 사람도 많으니 그럴 만도 하리라.

1) 자기 나라 땅을 다 여행하지 못한다.

2) 자기 나라 음식을 다 먹어보지 못한다.

3) 자기 나라 문자(한자)를 다 알지 못한다.

세상에 나와 처음으로 나선 해외 나들이지만, 보람 있고 행복한 여행이지 싶다. 30여 명이나 되는 일행이 한 가족처럼 마음을 모아 관심을 두고 돌보며 발걸음을 맞추어준 덕이라 여긴다. 그러고 보면, 인생이란 얼마나 사느냐보다 어떻게 살아가느냐가 중요하듯이, 여행도 어디를 가느냐보다는 누구와 어떻게 가느냐에 따라 보람을 안게 되는가 보다.

설렘을 안고 떠나는 유럽

2007년 1월 19일. 한겨울의 새벽하늘은 깊고 푸른 물속만큼이나 추위가 매섭다. 이 추위에도 먼 나라에 여행을 앞두고 마음이 들떠 한숨도 못 자고 새벽에 나온 손자 손녀가 기특하다. 인천공항으로 가는 셔틀버스를 타기 위해 아들 차로 전주 코아백화점 옆 정류장에서 내렸다. 버스가 출발하는 시각보다 40여 분이나 일찍 도착하니 버스 대합실은 문도 열지 않았다. 그래도 우리와 함께 버스에 오를 몇 사람이 어둠 속에서나마 도란도란 대화를 나누니 다행이다.

추위와 어둠 속에 기다리다 아침 5시에 리무진 버스가 승차장에 도착하니 10여 개나 되는 가방을 싣기에 바쁘다. 그동안 어디에 있었는지 어둠 속에서 사람들이 꾸역꾸역 나온다. 큰 버스 안은 빈 좌석이 없을 정도로 꽉 찼다. 기사가 차 안을 휘 둘러보더니 곧바로 출발한다. 지금까지 추위에 떨며 힘들었던 불편은 온데간데없고, 고마운 마음으로 가슴에 평온이 스며든다. 사람들 모두가 이른 새벽에 나온 탓인지 금방 잠에 빠져들고, 차 안은 절간처럼 조용하다. 소심한 나는 '운전기사가 졸음운전을 할까?' 불안감으로 눈을 감을 수가 없다. 공항에 도착할 때까지 뜬 눈으로 날을 샜다.

인천공항에 일찍 도착하니 여유가 있어 좋긴 하지만, 10시 20분이 될 때까지 안내자를 기다리려니 지루하다. 여행은 출발도 안 했는데 고생길이라는 생각이 먼저 자리를 잡는다. 긴 시간 기다린 일행의 고충은 아랑곳없이, 끄덕끄덕 걸어오는 안내자의 늘쩍지근한 태도가 눈에 설었다. 제대로 된 인사도 없이 휴대용 마이크로 일정을 설명하는 자세에 거리감이 생긴다. 기계적으로 틀에 박힌 그의 명령조의 지시는 탑승수속을 마치고도 한참을 기다려야만 했다. 여행은 성질 급한 사람이 수양하는 기회로 삼아야 할 것이라는 생각으로 마음을 다독일 수밖에 없다.

긴 시간 이리저리 돌아다니며 탑승수속을 밟느라 참고 기다린 끝에 비행기에 올랐다. 낮 12시 40분에 비행기는 굉음과 함께 활주로를 박차고 창공을 향해 비상한다. 초조와 불안과 불만으로 가득했던 나의 기분은 순식간에 허공으로 날려 보낸 듯, 비행기에서 내려다보는 조국의 산하가 그림같다. '그래, 어지간한 일쯤은 참고 즐거운 여행으로 만들자.'

시간이 흐를수록 망망한 하늘 속을 나는 비행기 안에서 이런저런 상념들이 떠오르다가는 훌쩍 지나가곤 한다. 몸은 하늘을 날고, 마음은 상상의 나래로 맘껏 여행하고 있다. 그 속에는 이 먼 길을 날아이국땅 런던에 회사 일로 파견 나가 있는 막내딸과 제 엄마를 찾아간 다섯 살, 일곱 살밖에 안 된 외손자 녀석들이 대견한 모습으로 다가오기도 한다. 그리고 방학 기간이지만, 도서관 등을 개방하여 10여 개 과목에 달하는 방과 후 교육활동에 참여하는 우리 아이들의 안전 문제까지도 이 비행기 안까지 찾아와 내 가슴에 무거운 짐이 된다.

이런저런 상념들로 얼마나 많은 시간을 흘려보냈는지 기내 전면의 전광판에 지도가 그려지고, 시베리아 북극해 모스크바 헬싱키 스톡홀름 등의 도시 이름들이 나타나기 시작한다. 아마도 비행기는 이제 막 아시아를 넘어 북유럽의 경계를 날고 있는 성싶다.

그러고도 상당한 시간이 흐른 뒤다. 프랑크푸르트 암만 공항이 가까워지며 지도에서 활자로만 보고 상상으로만 그렸던 독일, 유럽을 프랑크푸르트 상공에서 직접 내려다보게 된다. 선진국이라는 것만 배웠고, 역사가 오랜 땅인데다 참 잘사는 나라라는 선입견이 딱 맞게 느껴진다. 하늘에서 내려다보는 마을들이 잘 정돈되어 있고, 도시와 농촌과 잘 가꾸어진 숲, 공장과 빌딩들도 조화를 이루어 큰 그림을 감상하는 듯 시선은 한순간도 떠날 수가 없다.

어느덧 비행기는 암만공항에 무사히 착륙하였다. 우리는 낯선 이국땅을 처음으로 밟아 본다는 감개무량함도 느낄 새 없이, 안내자를 따라 짐을 챙겨 버스에 오르기에 바쁘다. 마침 모두투어여행사가 현지에서 운영하는 버스에 오르니 편안한 마음이다. 이웃집 강아지도 객지에서 보면 반갑다는데, 이역만리 외국에서 우리나라를 상징하는 태극마크도 선명한 버스가 우리를 맞이하니, 국력의 신장을 실감하여 뿌듯하다. 외국에서 우리나라 회사 이름이며, 그 소속 버스까지 마련하는 정성에 맞추어 안내자의 친절한 봉사 정신이 발휘된다면 더욱 만족한 여행일 듯싶다.

사색의 길을 걸으며

– 하이델베르크에서

하이델베르크 아침, 호텔 창문으로 들어오는 하늘이 끄무레하다. 유럽 날씨가 흐린 날이 많다더니 행여 비가 오지 않을까 우산을 챙겨 식당으로 내려갔다. 빵과 우유로 간단히 식사하고 서둘러 버스에 올랐다. 먼저 차에 오른 일행이 건네는 인사가 영롱한 아침이슬이다. 날씨 걱정으로 희뿌연 마음에 구름이 걷힌 듯 햇살이 스며든다.

어제 스위스 인터라켄에서 올 때도 젊은 부부의 배려로 맨 앞 좌석이 우리 부부의 고정석이 되었다. 나이 많은 게 벼슬이라도 되는지, 이국땅에서 뜻밖의 대접을 받으니 사람에 낯가림하는 나에게도 이런 인연이 있나 싶어 아침까지도 임의롭다. 아들딸들이 차려준 아내 생일 축하 여행이 고향의 황톳길을 걷듯 평온하기까지 하다.

호텔을 출발한 버스는 하이델베르크대학으로 향했다. 인구가 많지 않은 중소도시로 차량이 붐비지 않아서인지 깜짝할 사이에 대학주차장에 도착했다. 여러 지역에서 모여든 버스에서는 터진 콩 자루 쏟아지듯 사람들이 우르르 내리고 있다.

정문에 들어서니 안내판이 먼저 반긴다. 머릿속에 그려지는 여느 대학들과는 다르게 주변의 주택들과 이웃으로 어울린다. 내가 근무하는 시골 초등학교에 들어서는 만큼이나 허물없이 드나들 것 같다. 1368년에 교황 우르바누스 6세 때 설립한 국립대학으로 긴 역사와 명성이 높지만 맞이하는 품이 편하다.

하이델베르크는 지구촌의 젊은이들이 모여 높은 학문적 수준을 자랑하면서도 사랑과 노래가 즐겨 흐르는 분위기가 남다르다. 자유분방하며 낭만이 넘치는 대학도시라고나 할까? 60년대에 유행했던 영화 「황태자의 첫사랑」의 무대, 노천카페는 수많은 관광객으로 북적거린다.

이런 분위기에 정신이 팔려있는 나에게 안내자의 재촉이 이어져 불어나는 호기심을 젖혀둔 채 '철학자의 길'로 발길을 돌렸다. 네카어강 건너 구시가지 반대편 언덕의 중턱 길로 걸어서 한 시간 정도 거리다. 마음 따라 바람이 구름을 걷어가서인지 하늘이 파랗다. 하지만, 아내가 말리는데도 내 맘대로 들고 온 우산이 도리어 성가신 물건이 되었다. 사실 꼼꼼한 아내와 대충대충 살려는 나는 좌충우돌 아슬아슬할 때가 더러 있었다. 아내의 충고가 억울할 때도 있지만, 행복한 간섭이기에 '남다른 사랑'이라 여기면서도 그랬다. 길 초입부터 미안한 마음을 결 고른 바람이 다독여주니 다행이다.

하이델베르크대학에서 교편을 잡았던 헤겔, 야스퍼스 등이 걸으며 사색을 즐겼고, 괴테도 이 길에서 작품을 구상했다. 석학들의 숨결을 따라 걷는다고 여기니 마음 보자기에 묶혀 둔 이런저런 감정의 보풀들이 들썩이기 시작한다. 살아오면서 체면에 가려 차마 드러내지 못한 고독이 이곳에서 빛을 낼 모양이다.

앞으로 내 남은 길에는 오늘처럼 설렐 일도 그리 많지 않을 것이다. 고왔던 추억들도 가뭇없이 사라지는 인생의 겨울이지 않은가. 걸어온 길은 친척도 친구도 없이 욕심 하나만 짊어지고 앞만 보며 걸어온 것은 아닌지…. 아, 시답잖은 생각에 빠져있는 사이에 하이델베르크성에 도착했다. 바람도 타고 오르기 쉬운 언덕인지 찬 기운이 품속으로 파고들어 앞깃을 닫게 된다. 성은 네카어강에 그림자를 드리우고, 내려다보는 시가지는 한 폭의 그림으로 다가온다.

13세기경에 세워져 라인 선제후의 거성으로 사용되었다니 세월을 두르고 보물이 된 것일까? 겹겹인 세월의 무게가 가슴에 담아보지 못한 풍경으로 피부에 와 닿는다. 고딕, 르네상스, 바로크 등 시대마다 다른 건축양식이 섞이고 조화를 이루며 아름다운 모습으로 이어오고 있다.

시대와 시대가 어울리어 아름다움을 빚었듯이 사람과 사람 사이도 이해와 배려가 있으면 아름다울 것이라는 생각을 한다. 이곳에서 영화를 누렸던 주인은 갔어도 성은 남아 그 시대를 보여주고 있어 "인생은 짧고 예술은 길다"는 진리를 실감한다.

성의 지하에는 세계 최대의 술통이 볼거리 역할을 톡톡히 하고 있다. 술통은 해학적으로 술에 취해 있는 광대 페르게오에 의해 지켜지고 있어 슬그머니 웃음이 나온다. 포도주를 마시면 기념으로 유리잔을 준다지만 불어날 짐이 두려워 그냥 나오다가 아내한테 핀잔을 듣는다. 이런 것까지 상품화하는 사람들의 상술이나 아내의 욕심이 피장파장이라는 생각에 실소를 머금는다.

성 꼭대기에서 내려다보는 시가지는 가슴으로 안고 사진에 담는데도 아쉬울 것 같다. 뜰을 지나다가 다소곳한 시비詩碑에 눈길이 머문다. 괴테가 말년에 이곳에서 사랑에 빠졌던 심정을 읊은 시 한 구절이 생경하다. "여기서 나는 사랑을 하고, 그리하여 사랑을 받으며 행복했노라"라는 명구名句가 여행에 지친 우리에게 청량제가 된다.

성에서 어렵사리 발을 빼어 네카어강변으로 내려갔다. 하이델베르크시가지를 관통하듯 유유히 흐르는 강줄기, 물기 오른 7월의 실록처럼 살아 있는 강은 평화롭다. 강둑에서 양쪽으로 길을 따라 여유롭게 걷는 사람들, 강 건너 산줄기와 능선, 골짜기에도 숲을 이웃 삼아 갈색 지붕들이 한 폭의 풍경화를 그리고 있다. 멈춘 듯 흐르는 잔잔한 강물에 가지를 늘인 나무들이 평온과 낭만을 품고 물결 지어 다가온다.

시원한 바람에 멱을 감으며 철학자의 길로 이어지는 카를 테오도어 다리까지 강변을 따라 걸어본다. 이국땅에서 골목길과 강변길을 걸어 보다니 아내의 생일선물치고는 꽤 괜찮은 경험이다. 강 건너편 갈색 지붕이 손에 잡힐 듯 가깝고, 강바람에 최고의 여유를 누리니

색다른 선물이 아닌가. 무릎이 시원찮은 아내와 동행하여 다독이고 고개를 끄덕여준 덕에 여기에 발자국을 남기려니 서린 감회가 가슴을 덥혀온다. 사람들은 사색하며 깊은 고뇌와 때로는 희열을 안고 이 길을 걸었다. 인간의 참다운 길을 제시하여 준 철학자들의 모습이 상상으로 떠오른다.

먼 곳 하이델베르크에서 삶을 되짚어 바라본다는 게 '사색의 길' 덕이지 않은가. 따져 보니 '사색은 삶을 살찌우는 거름'이라는 생각이 마음 바닥에 깔린다. 내 영혼의 텃밭에 봄날은 갔어도 연초록 상추 같은 삶으로 부지런히 가꾸어야 할까 보다.

에펠탑과 세느강

새벽잠을 설치고 식사도 하는 둥 마는 둥 서둘러 버스에 오르내리기가 며칠이나 이어진다. 온종일 달리다가 또 내려 걷기를 반복하니 몸은 시들해지고 아내는 더 힘들어한다. 초등학교 일학년과 유치원에 다니는 손자들까지 챙겨야 하니, 신경은 곤두서있기 마련이다. 이어지는 여정에 '오늘은 좀 낫겠지.' 기대를 안고 호텔을 나서는데 그날이 또 그날 같은 나날이다.

아침 7시 20분, 비행기는 찬 공기를 가르며 로마 피우미치노 공항을 이륙했다. 창공에서 내려다보는 대지는 국경을 가늠할 수 없는 푸름과 갈색 지붕들이 평온으로 덮고 있다. 파리 샤를 드골 공항에 내리니, 새로운 안내자가 햇살을 머금은 얼굴로 맞이한다. 향기가 나는 웃음을 대하니 아침에 호텔을 나설 때하고는 딴판으로, 상쾌한 하루와 마주할 징조로 느껴진다.

안내자 말마따나 날씨가 우리를 반기듯, 구름 한 조각 없이 바다 같은 푸른 하늘이다. 하늘하고는 대조적으로, 땅에는 온통 노란색 낙엽 빛깔로 채색된 도시풍경이다. 그런 위에 하늘을 향해 에펠탑이 도드라져 보인다. 겨울이 그리는 수묵화 같은 시가지를 한참이나 넋 놓고 보다가 버스가 멈추고서야 제정신으로 돌아온 듯하다.

차에서 내려 대하는 에펠탑은 상상보다 웅대한 위압감으로 우리를 내려다본다. 안내자의 설명을 듣고 4,50명은 탈 수 있는, 버스만큼 거대한 엘리베이터에 올랐다. 우리 가족은 탑 2층에서 내려 제법 우아한 식당에서 여유로운 식사를 하며 꿈같은 세상을 맛본다. 식사를 마치기가 바쁘게 너른 공간을 헤집고 다니는 손자들이 모처럼 자유를 만끽하며 신이 난 모양이다.

두려움 반 호기심 반으로 꼭대기 층으로 올랐다. 수백 미터 탑 정상에서 부챗살모양으로 쭉 뻗은 시가지가 거침없이 한눈에 들어온다. 보고 또 보아도 질리지 않는다고 아내는 연신 탄성을 쏟아낸다. 나는 '말하면 하늘로 날아가 버리니 아껴서 가슴에 담아두기나 하라'며 웃음 섞어 너스레를 떨었다. 한 사람의 혼으로 빚은 에펠탑이 먼 뒷날까지 명예를 지켜주고 있다는 생각에 오래도록 멈추어 있고 싶어진다.

하지만 여정이 촉박하여 아쉬움을 뒤로하고, 루브르박물관으로 향했다. 우리 교과서에 실릴 정도니, 얼마나 크고 진귀한 유물과 예술품들이 진열되어 있을까? 그런 물건들은 도대체 어디에서 어떻게 가져온 것일까? 나폴레옹이 외국을 침략하여 약탈해온 것들도 많지 않을까? 일본이 우리 문화재를 노략질해 갔듯이, 강대국과 약소국이라지만 그래도 되는가? 차 안에서 이런저런 쓸데없는 상상으로 마음은 몸살을 한다.

루브르박물관은 원래 이민족들로부터 시떼섬을 방어하기 위한 요새였다. 12세기에 이르러 궁전으로 개축되었다가 1997년부터 30여만 점의 수집품이 전시된 박물관이 되었다. 교과서에서 활자로 익힌 레오나르도 다 빈치의「모나리자」제리코의「메두사의 뗏목」,「나폴레옹 황제의 대관식」,「밀로의 비너스」를 여기에서 실물과 만난다니 꿈만 같다.

박물관은 워낙 넓어 안내자가 신신당부한 대로 앞뒤 일행을 살피며 안으로 들어선다. 첫눈에도 희귀하고 가치 있는 문화, 유물, 예술품들이라는 게 느껴진다. 박물관은 복도 길이만 15㎞가 넘고 이리저리 미로처럼 이어진다. 수십에서 수백 만점의 유물이며 작품들이 시대와 종류별로 구분하여 전시되는 공간들이 다르다. 정신 바짝 차리지 않으면 안에서 헤매다가 나온단다.

안내자의 겁박에 모골이 송연해진다. 손자들을 챙겨야 하므로 모처럼 잡은 박물관 관광은 수박 겉핥기식으로 두 눈만 굴리다가 나와야 했다. 여기 물건들이 아무리 진귀하다고 손자들과 비교나 될 법한 일이냐며 마음을 다독인다.

아무튼 루브르박물관은 규모며 내부가 워낙 복잡해서 주어진 시간을 다 채우지 못하고 포기하는 사람도 많단다. 나 역시 일행과 만나기로 약속한 장소에 미리 나와 어칠비칠 시간을 보낸다. 나는 이렇게 애를 태우는데 손자들은 구경에는 관심이 없고 끝없는 장난으로 시간을 때운다. 태평한 아내만이 내 몫까지 다 볼 요량인지 나올 기미조차 보이지 않는다.

세상만사는 시간이 약이라고 하지 않았던가. 박물관을 출발하여 차창 밖으로 보는 시가지 풍경은 유럽 여느 나라나 비슷하다. 갈색 지붕에 오래된 벽돌집들이 가지런하다. 세느강변의 고건축물들은 세계문화유산에도 등록되어 있다. 오랜 역사만큼이나 아파트들은 견고하게 지탱되고 단장되어 고색이 창연한 도시로 아름답게 채워져 있다. 세월을 입고 보물이 된 파리를 보며 튼튼하고 조화를 이루어 건축한 선조들의 지혜라 느껴진다.

좀 일찍 식사하고 해 저문 시각에 세느강변으로 갔다. 바지선처럼 평면에 의자가 놓인 유람선에서 야경을 보며 에펠탑이 펼치는 불빛쇼를 즐긴다. 천여 명이 탄 유람선은 1시간가량 강을 오르내리며 분간할 수 없는 세상을 보여준다. 건물들 앞에 세느강을 가로지르는 13개 교량이 강변의 풍경과 어우르고, 재주껏 뽐내는 아름다움에 우리는 빠져들고 만다. 건물들은 오색의 불빛으로 장엄함을 드러내 보이고, 강은 유리 같은 투명함으로 숨을 죽여 가며 눈을 떼지 못하게 우리 마음을 사로잡는다.

승객들 대부분이 외국 사람들이다. 영어권보다는 중국 등 아시아에서 온 관광객들이 자리를 메우다시피 했다. 시끄러움도 무게가 있는지 배가 '기우뚱' 제 속도를 내지 못할까 두렵다. 스마트폰에 쉴 새 없이 풍경을 담느라 뒤뚱거리는 발걸음들도 눈에 설다.

꽤 늦은 시각, 피곤으로 지친 몸을 지탱하여 숙소에 들었어도 아내는 감격한 표정을 감추지 못한다. 손자들의 마음에도 기록되지 못한 풍경들은 새록새록 쌓여 추억으로 남을 것이다. 몸은 피곤해도 내 가슴에는 아직도 젊음이 조금은 남아 있는지, 설렘은 내일로 치닫는다.

오늘을 되돌아보니, 에펠탑은 어린 자식을 뽈깡 안아 올려 목말을 태우는 아버지 어깨 같다. 너른 세상을 긴 안목으로 보며 살라는 아버지의 자상한 마음으로 읽힌다. 에펠탑과 달리, 세느강은 '이쁜놈 미운놈' 안 가리고 안아 품는 어머니의 가슴이 아닐까? 물살을 가르며 나아가는 배는, 거친 세상을 헤쳐 가는 모성애와 다름이 아니다. 박물관 또한 성性과 시대를 관통하는 인간의 숭고한 정신을 품고 있다. 인간의 혼으로 빚은 예술로 신과 인간이 교감하여 미美적 선善의 세상을 꿈꿨지 않았을까.

베니스의 상인과 베네치아

밀라노에서 아침 식사는 빵과 우유 등 뷔페식으로 간단히 했다. 4시간이 넘게 걸리는 베네치아(옛 이름 베니스)를 향해 버스는 쉼 없이 달렸다. 아침 러시아워에 걸리기도 하고, 안개까지 앞을 가려 베네치아에 와서 늦은 점심을 먹었다. 작은 보트에 옮겨 타고 바다에는 수없이 많은 말뚝을 박고 그 안에 흙을 채워 조성한 인조 섬으로 건너갔다.

아침에 버스에서 창밖으로 보이는, 이탈리아의 농촌풍경은 어제 본 스위스하고는 사뭇 달랐다. 오히려 우리나라의 농촌풍경과 많이 닮았다. 부드럽게 다가오다가 이어지는 언덕이 정겹고, 끝없이 펼쳐지는 초원은 어렸을 적 뛰놀던 고향의 동산으로 착각하게 했다. 담배와 밀밭, 특히 넓은 포도밭들은 우리나라 중부지방 안성 부근을 지날 때와 어찌도 그렇게 닮았는지.

오후에는 소설「베니스의 상인」으로 그 명성을 알고 있는 베네치아에서 대부분의 관광을 했다. 저녁 늦게까지 구경할 정도로 볼거리가 많다. 높고 화려한 건물들은 왕조와 귀족들이 건축하여 많은 가족과 하인들을 거느리고 호화로운 삶을 누렸던 곳이다. 중세 상업의 도시, 베니스의 상인이라는 소설이 쓰여질 만큼 명성이 있는 도시다.

바다를 막고 흙을 채워 만든 인공 섬이 수없이 많은데, 지금도 바다 여기저기에 그런 섬들을 만드느라 철제 말목을 심는 기중기들이 소음과 함께 매연을 뿜어내고 있다. 그리고 그런 섬과 섬들을 잇는 다리들도 셀 수 없이 많아 바다 위의 인공 조형물이지만, 휘황찬란한 조명과 함께 관광자원으로도 큰 몫을 하는 것 같다.

그런 섬에는 수십 개나 되는 어마어마하게 웅장한 성당들이 위용을 자랑하고 있다. 보석으로 꾸며진 건물들은 너무하다 싶은 생각이 들 정도로 호사의 극치다. 이탈리아의 인구가 8천만 명인데 외국인 관광객 수는 이보다 더 많은 1억 명이라니, 지혜로운 조상의 덕으로 잘 사는 국민이요 나라다. 관광 수입으로 먹고사는 나라이면서도, 수많은 종류의 명품을 만들어 내다 판다. 더구나 철광과 공업이 발달한데다 상업에 관광 수입이 엄청나게 많으니 참 부럽다.

그러나, 이곳 이탈리아는 외관상으로는 프랑스나 스위스, 독일 등에 비해 국토의 관리가 잘되어 있지 않은 것 같다. 낡고 부서져 허름한 건물과 골목들이 그대로 방치된 듯하고, 길거리에는 쓰레기가 널려있다. 교통 규칙을 비롯하여 시민들의 질서 의식도 잘 지켜지지 않아 이해가 가지 않는다. 안내자의 말을 들으니 법치와 치안도 갖추지 않고, 특히 부정부패가 극심하다고 한다. 정치는 잘못해도 조상님 덕으로 잘살고 있으니 부럽기는 하다. 15일이나 되는 여행의 3분의 1을 이탈리아에서 보낼 정도니, 관광대국을 넉넉히 짐작할 수 있다.

이튿날 아침에 눈을 떠 창밖을 보니, 비가 내리어 걱정스럽다. 무거운 짐 가방을 어깨에 메고 한 손으로는 끌며, 또 한 손으로는 우산을 들고 안내자 뒤를 따라 걸어야 하니 힘든 하루가 될 것 같다. 안개까지 잔뜩 끼어 시야까지 흐리니 외국에서 허탕 치는 하루가 될까.

오늘의 여행은 꽃의 도시, 전원의 도시라고 이름이 난 피렌체다. 옛 이름은 프로렌스라고 했던 이 도시는 어제 관광한 베니스에서 4시간 정도 떨어진 곳이다. 오는 길에 농촌의 전원적인 풍경이며, 농민들의 경작과 실생활 모습이 우리 눈에 너무 익숙할 정도로 우리 농촌과 닮았다. 가끔 들에서 한가로이 풀을 뜯고 있는 양과 말 무리며, 시골집 닭장에 갇힌 닭이 모이를 쪼는 풍경도 영락없는 내가 어릴 적에 시골집에서 닭들과 장난을 치던 모습을 보는 것 같다.

피렌체 시가지의 풍경은 역사, 문화적으로 전형적인 이탈리아 고유 모습을 그대로 간직하고 있다. 20년이 넘게 걸려서 건축된 두오모 성당 등 수 많은 이탈리아식 건축물들이 보는 우리를 감탄의 봉우리에서 꼼짝할 수 없게 만든다. 미켈란젤로, 레오 나르드 다빈치, 단테, 갈릴레이 갈릴레오 등 예술, 문학, 과학의 천재들을 배출한 역사의 도시인 피렌체를 한눈에 다 담아가고 싶은 욕심이다. 화려하다 보면 웅장하고, 우아하다 보면 감탄할 만큼 도시가 미적으로 치장하여 건축물과 전체적인 조화가 뛰어나다. 그래서인지, 이 도시 사람들의 생활 모습도 우아하다. 복장도 걸음걸이도 남녀노소를 가릴 것 없이 단정하며, 노부부가 손을 잡고 함께 산책하는 모습은 인생의 행복을 보여주는 것 같다. 나도 저렇게 살 수 있을지 생각에 잠긴다.

그러나, 이런 아름다운 관광지에서의 우리 일행의 만족한 기분과는 상관없이, 안내자의 행위가 너무 이기적이라는 불평들이 여기저기서 터져 나오니 안타깝다. 장사꾼 못지않게 이리저리 쇼핑가로 끌고 가기 일쑤다. 이런저런 핑계로 장시간을 허비하기도 한다. 그래도 일행 모두가 양반이어서 대놓고 큰소리를 하거나 거슬리는 말 한마디 없이 참고 넘긴다. 불상사가 없어 다행으로 여기면서도 다른 여행객이나 나라의 이미지를 위해서는 언젠가는 참고로 이야기를 해주어야 할 듯싶다. 또 한편, 생각하면 여행사 직원들의 노고도 만만치 않다는 것을 실지로 목격하니 이해도 된다. 우리와 똑같이 장거리를 여행하며 안내하고 챙기는 등 신경을 쓰는 게 보통 힘든 게 아니다. 때로는 참 용하다며 감탄도 한다. 그러나 그럴수록 좀 더 겸손하고 양심적이면 좋은 이미지에 보람이 있는 여행이 되지 않을까.

저녁 식사는 모처럼 우리 입맛에 대충이라도 맞춘 음식이어서 손이 다가간다. 일행 가운데 호방한 젊은이가 있어 함께 소주도 두어

잔 마셨다. 여행은 어디에 가느냐도 중요하지만, 어떻게 하느냐에 따라 보람이 있을 성싶다. 이 저녁 옛 로마제국의 호텔에 묵으며 내일도 무사한 여행이 되기를 꿈꾸러 잠자리에 들다니 공중에 뜬 느낌이다.

로마의 하루

오래전부터 벼려왔던 로마에 왔다. 어제의 피로도 잊은 듯 아침 7시에 숙소를 출발해 시가지에 들어서자 주차장이 따로 없다. 이곳 사람들은 맑은 날에는 오토바이로 나다니지만, 흐리고 비가 내리면 자가용을 이용하기 때문에 길이 막히어 도로가 주차장처럼 꿈쩍할 수가 없다. 비는 오다가 그치다를 되풀이하니 정체를 만들어낸 꼴이다. 쾌청한 하늘을 이고 사는 우리나라, 우리 하늘의 고마움이 불쑥 찾아드는 것도 무리는 아니라는 생각이 든다.

그래도 서두르지 않고 느긋하게 기다리다 보면 버스는 움직이기 마련이다. 가다 서다가 반복되다 보니 바티칸시국에는 9시 30분경에 도착했다. 궁전에 들어서는 순간 마음에 낀 구름은 간데없이 걷히고, 신비한 세상이 눈을 황홀하게 한다. 희귀한 예술품들은 마치 보물나라에 온 것처럼 나를 흥분의 도가니로 밀어 넣는다. 바티칸시국은 영토 4.4㎢에 인구는 950명에 불과하다. 교황이 통치하는 세계의 정신적 수도로서 보물 하나하나가 가치에 맞게 보존되는 모습에서, 가톨릭의 본산답다는 생각이 든다.

궁전 앞 광장에서 성베드로성당과 박물관까지 당대에 건축과 조각, 화가로서 거장인 미켈란젤로와 라파엘을 작품으로나마 이곳에서 볼 수 있다니 꿈만 같다. 궁전 안 건물 바닥의 모자이크, 벽면과 천장의 거대한 그림들과 각종 조각품은 이들의 상상력과 기술이 집대성된 것이라 더 실감이 난다. 2천여 년 전에 이런 예술작품들이 웅장하고 섬세하게 또 종교적인 흔적들을 새겨 놓을 수 있었는지 그저 신기하고 놀라울 뿐이다.

로마 시내에 들어서며 가까운 레스토랑에서 피자 한 조각으로 점심을 대신하고 시내 관광에 나섰다. 고대 로마제국의 유적과 유물들이 곳곳에 널려 있어서인지, 세계 나라에서 몰려온 관광객들로 붐빈다. 1년에 1억 명 이상의 외국인이 찾는 관광대국이란 말을 듣고, 조상이 물려 준 유물과 유적이 큰 자산으로 호강하는 이들에 샘날 지경이다.

당시 로마는 치밀하게 계획된 도시로 성을 쌓고 건축을 하며 수도, 도로 등 기반시설이 현대에 비교해도 뒤지지 않을 만하다. 편의성과 견고함까지 당시 사람들의 시공기술과 먼 훗날까지를 내다보는 안목이 대단하다고 할 수밖에 없다. 오늘날도 기간산업발전에 필수적인 2천여 년 전에 만든 고속도로를 둘러본다. 불과 3, 40년 전에 경부

고속도로 건설을 둘러싸고 국론이 분열되는 등 극심한 혼란이 일었던 일이 부끄러울 수밖에 없다.

시내로 들어가다가 생각하지도 않은 개똥을 밟고 넘어질 뻔했다. 로마 시내 곳곳의 유적만큼이나 오물이 거리마다 널려있다. 거기다 이곳 소매치기의 명성은 빼놓을 수 없다고 들었지만, 안내자의 신신당부까지 되풀이하니 큰 부담을 안고 구경 길은 이어가야 한다.

세계에서 가장 호화스럽다는 삼거리분수대는 상상을 초월할 정도로 높고 넓어 놀랍다. 수천 명이 한꺼번에 들어가 목욕을 할 수 있다는 목욕장, 당대 최고의 권력자 네로와 무솔리니 등 영웅들이 자신들을 대내외에 과시하기 위해 축조한 건축물들이다. 하나같이 웅장하고 화려하거니와 예술성에 놀라지 않을 수 없다.

그러나, 이런 호화찬란한 건축물들은 이스라엘인들을 노예로 부리고, 가혹하게 노역을 시켜 축조했다는 설명을 들으니 마음이 저리어 온다. 당시의 참상을 미루어 상상하며 고향과 가족을 떠나 노역에 시달려야 했던 노예의 심정을 백번이고 생각하게 된다. 기독교인들을 박해, 순교자들의 지하무덤을 둘러보며 물질과 정신에는 서로 다름을 인정하지 못하는 데에서 불행한 사람들을 나오게 한다는 생각이 든다. 자신만의 영화를 위해 사치한 삶을 구가한 바탕에는 잔인함과 억울함, 서글픔이 이곳에 함께 묻혔을 것이리라.

성 베드로 대성당은 단순히 규모뿐만 아니라 그 아름다움에서도 세계 최고라 할 수 있어, 유럽의 역사와 문화에 큰 영향을 미친 곳이다. 거대한 반구형 돔이 인상적이고, 로마 르네상스 건축의 정점으로 평가받고 있다. 성 베드로 대성당은 그 시대를 대표하는 예술가들이 총력을 기울여 르네상스의 기념비적인 건축물이다. 미켈란젤로의 설계와 구상부터 시작, 총 120년간 공사를 하여 콘스탄티누스 황제 때 완성되었다니 그 완벽함에 탄복하지 않을 수 없다. 역시 예술은 심혼이 깃들여야 생명력이 있어 공감을 얻을 수 있다고 생각된다.

동문 안으로 들어가니 오른쪽에 미켈란젤로의 걸작 「피에타상」이 보이고, 또 안으로 들어가서 오른쪽, 돔 바로 앞에 청동제의 성 베드로 상이다. 동상의 발을 만지거나 입맞춤을 하면서 기도를 하면 축복을 받는다고 했다. 그 말을 듣고 보니, 발 부분만 유난히 반짝거리고 발가락 부분은 많이 닳아있어 인간의 끝없는 욕심이 비춰 보이는 듯하였다.

베네치아 광장 남쪽에 진실의 입은 영화 「로마의 휴일」에 나오는 그대로다. 오드리 햅번과 그레고리 펙이 이곳에 손을 집어넣고 깜짝 놀라는 장면으로 우리에게 너무도 잘 알려진 명소다. 사람들이 줄을 서 진실의 입안에 손을 넣고 잠시 긴장한 모습을 볼 수 있다. 많은 관광객 틈에 끼어 한참이나 기다려 사진을 찍을 정도로 인기 있는 관광지다. 나도 잠시 욕심이 발동해 손을 집어넣고 사진 한 컷 찍었으나 힘없이 빠져나오는 손과 함께 마음도 허전했다.

걸어서 간 캄피돌리오 언덕은 고대 로마사람들이 가장 신성시하던 주피터 신전이 세워졌던 곳이다. 언덕에 캄피돌리오 광장은 바닥이 기하학적 무늬로, 미켈란젤로가 설계하여 왼쪽은 캄피돌리오 박물관이고, 오른쪽은 콘세르바토리 궁전이다. 당시에 이런 거장이 있어 로마가 존재하지 않았을까?

고대 로마는 한때 세계의 정치, 경제는 물론이고 문화의 중심지였다. 서양 문화의 뿌리인 기독교 본거지로 수천 년 동안 찬란한 문명의 도시라는 것을 실감할 수 있다. 신과 더불어 살아가며 신을 찬양하기 위한 종교예술이 집대성된 곳이다. 고대의 정치, 시민사회, 상업, 문화, 도로, 교통, 수도, 건축, 예술, 군사에까지 인간의 삶의 질이 비교되지 않을 정도로 앞섰다. 바티칸시국, 시스티나예배당, 성베드로 대성당을 보며 위대했던 로마를 만날 수 있어 행운이다.

조상이 물려준 문화유산을 변변하게 가꾸고 지키지 못한 우리하고는 여러 가지로 대비가 된다. 그나마 세계를 무대로 한류 문화를 꽃피우는 아이돌이 자랑스럽다. 우리 후세들의 활발한 활동을 희망으로 안으니, 지중해로 지는 해를 등지고 떠나는 발길이 한결 가볍다.

이종월 두 번째 수필집
털복숭아 닮은 홍시

인쇄 2021년 5월 25일
발행 2021년 5월 29일

지은이 이종월
발행인 서정환
펴낸곳 신아출판사
주소 전북 전주시 완산구 공북 1길 16(태평동 251-30)
전화 (063) 275-4000 · 252-5633
팩스 (063) 274-3131
이메일 sina321@hanmail.net essay321@hanmail.net
출판등록 제300-2013-10호
인쇄 · 제본 신아출판사

ISBN 979-11-5605-908-0 03810

값 14,000원

Printed in KOREA